U0058527

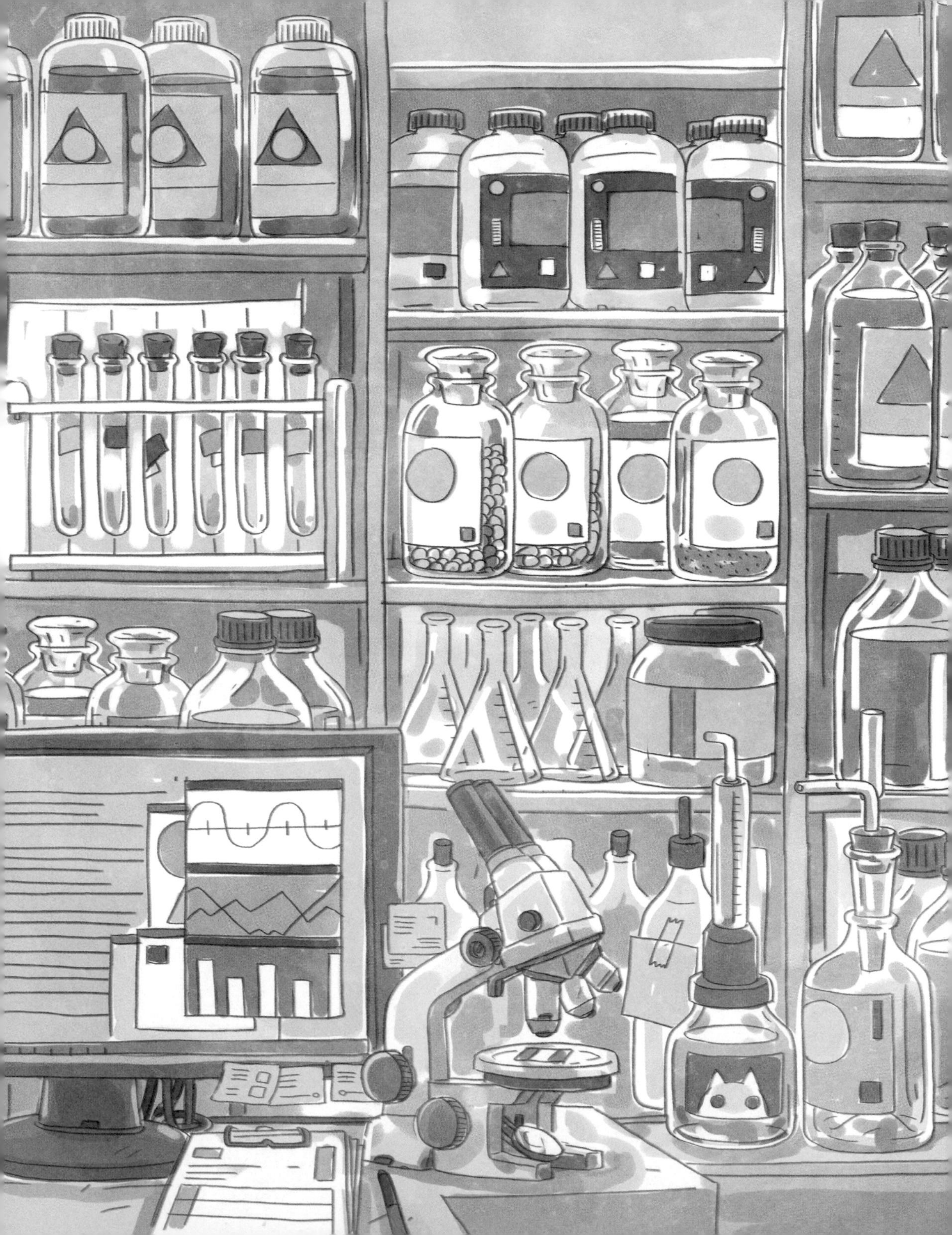

神話實驗室1
神啊，告訴我世界的真相！
文・王文華
圖・Groter

目錄

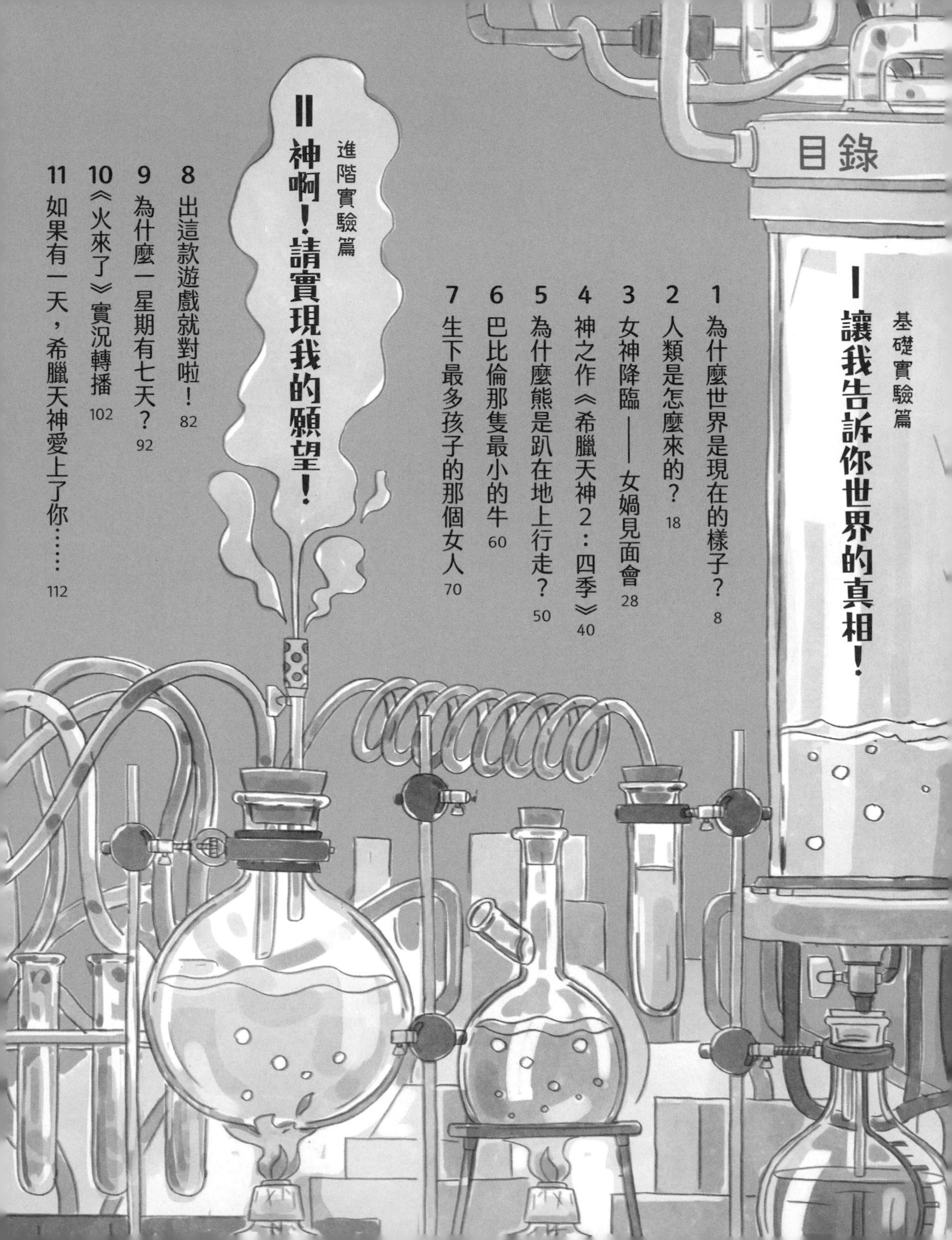

I 讓我告訴你世界的真相！

基礎實驗篇

II 神啊！請實現我的願望！

進階實驗篇

基礎實驗篇
讓我告訴你
世界的真相！
石
石
石

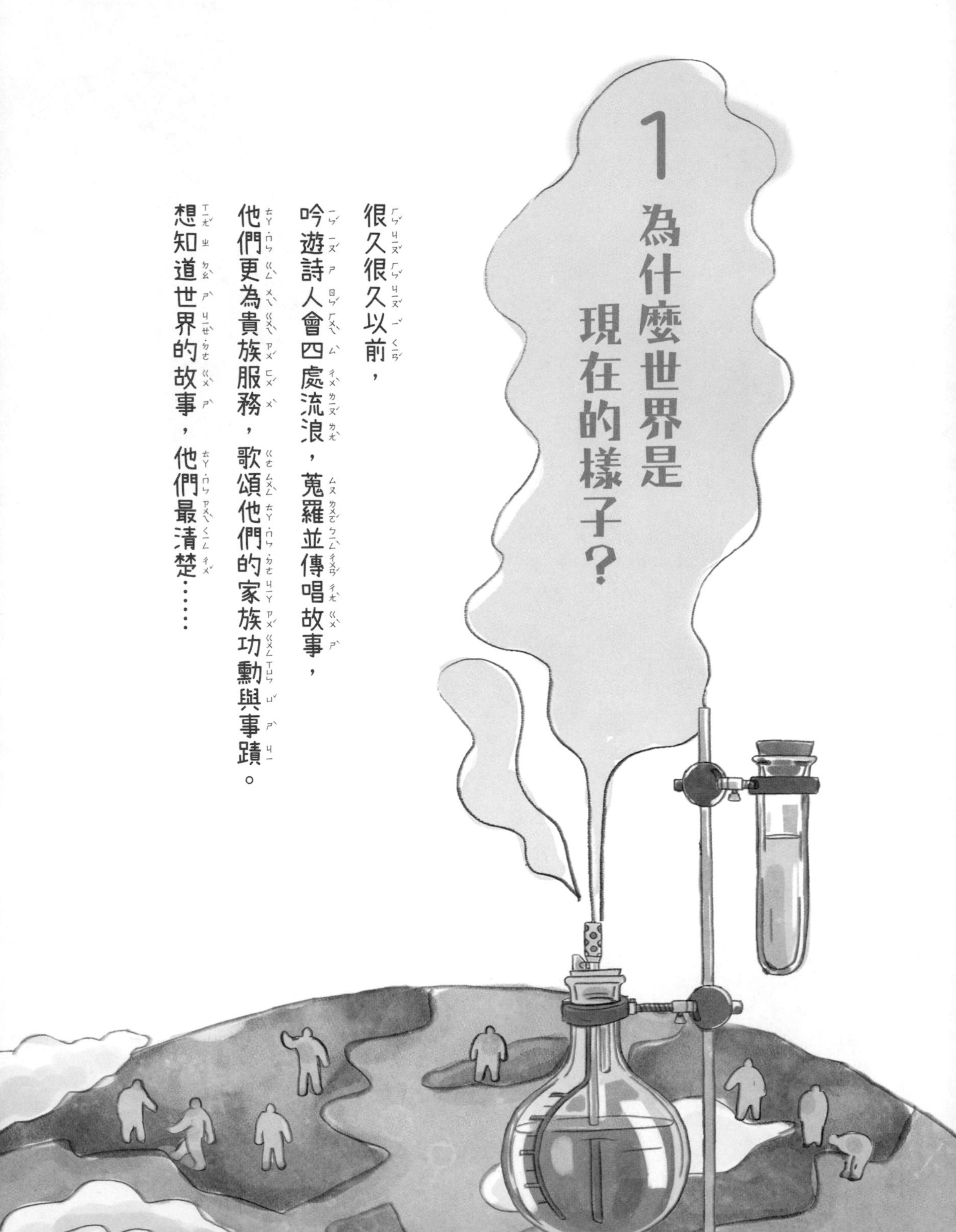

1 為什麼世界是現在的樣子？

很久很久以前，
吟遊詩人會四處流浪，蒐羅並傳唱故事，
他們更為貴族服務，歌頌他們的家族功勳與事蹟。
想知道世界的故事，他們最清楚……

黑森林裡，兩個吟遊詩人在烤火，其中丁蘭較高，高地較胖。

這天，他們用賺來的錢買了兔子肉，剛升好火不久，一個衣著襤褸的老人朝著火光走來。

「好心人，請讓我烤烤火吧。」老人有隻眼睛戴著黑眼罩。

丁蘭歡迎他：「老人家，火堆是越多人越暖和，歡迎你。」

高地說：「不過，肉可不行，我們今天只換到了一隻兔子。」

老人坐了下來，丁蘭則輕聲勸高地：「你對老人家要客氣點。」

「哼！我只對付錢聽故事的人客氣，至於流浪漢……」

「看你們的打扮應該是吟遊詩人。」老人說，「可惜我沒錢，否則該請你們說則故事，來讓心裡也取取暖。」

「沒關係，」丁蘭把自己那份兔肉給他：「故事總是要有人說，才有人聽。」

老人吃得滿嘴油光，用袖子擦擦嘴：「請讓我來為你們說則故事取取暖吧。」

「你？」高地輕哼一聲：「就憑你？」

突然「蹦」的一聲，火堆中的木頭爆開，幾點火星飛上天，凝住不動，變成星星。

丁蘭揉揉眼睛，難道是眼花了？

「說什麼呢？有了……在天空還不叫做天空，大地還不叫大地的時候，天地就像一碗白粥，白粥的正中間有道深深的鴻溝，裡頭空蕩蕩，沒有樹木，沒有野草。

鴻溝北方是廣闊的冰雪世界，那裡終年籠罩著濃霧，寒冷又黑暗，冰冷的泉水從那兒奔流而出，流入鴻溝。鴻溝南方，是火焰之國，終年火焰沖天，炙熱難耐。」

「創世神話嗎？」丁蘭微笑。

高地打個呵欠：「聽過了，還有夸父追日、女媧補天。」

老人搖搖頭：「這是不同的故事。冰與火不斷的碰撞，融解再結凍，不斷的、不斷的循環後，誕生了最古老的巨人伊米爾。他一出生就肚子餓，急著想找食物……」

「我敢保證，他那時候一定找不到這麼好吃的兔腿肉。」高地笑著說完，又啃了一口手上的兔肉。

「伊米爾找到一條巨大的母牛，牠流下的乳汁變成四條白色的河流，巨人伊米爾就以乳汁為食物，而那隻母牛則舔食冰雪維生。無數的日子過去，伊米爾越來越強壯，有一天，他竟然從雙臂下生出一男一女兩個冰霜巨人……」

「不可能！」高地大叫，「手臂怎麼可能生小孩？」

「接下去的故事更神奇了，母牛不斷舔著冰雪，舔呀、舔呀的，就這麼舔出個圓滾滾的小娃娃，那可是眾神始祖布利耶。」

高地狂抓頭髮：「母牛從冰雪裡舔出眾神之祖布利耶？」

丁蘭制止高地：「你讓老人家把故事說完，有疑問再說啊！」

老人用眼神謝謝他：「巨人後代和母牛後代結婚，生出三個天

神：奧丁、威利和維，他們厭惡住在這種黑暗、寒冷的世界，於是三個天神向巨人伊米爾發動攻擊。伊米爾死後，頭變成天空，毛髮化成樹木，血液變成湖海，甚至他的眼睫毛，都成了隔絕冰天雪地與火焰之國的圍牆，世界就是這樣來的。」

高地大笑：「你說的『奧丁』，該不會是北歐神話裡的那個傻奧丁

吧？用一顆眼珠換智慧的奧丁？」

他說到這兒，突然看見老人一臉憤怒的脫下眼罩，眼罩底下是個無限黑暗的眼眶，就像神話傳說中，那個眾神之王的奧丁……

火花重新回到火堆上，兔子肉還在火堆上烤著，但丁蘭看不見老人，也找不到高地，黑森林裡的黑，就像剛才老人的眼窩一樣。

「高地！高地！」丁蘭喊了又喊，卻只有狂野的風雪，冷呼呼的回應他。

北歐神話

世界是怎麼出現的？神、人、動物又是怎麼誕生的？世界各國有許多神話，都在敘說不同的天神與創世故事。其中北歐神話和希臘神話兩大體系，深深的影響歐洲世界。

北歐緯度高，山多平原少，土地種不出什麼農作物，長年冰天雪地，而且因為接近北極，每年有段時間是二十四小時白天，或二十四小時黑夜，所以，北歐神話裡的眾神，與其他地方的神話就特別的不同。像是大部分的神話都是神創造宇宙，北歐神話則恰恰相反，他們認為是「宇宙創造神」。

在天地還沒出現之前，宇宙間有道深不可測的鴻溝，北邊是冰之國，南邊是火之國，在冰與火的交融中，誕生了冰霜巨人伊米爾與一隻大母牛。

你可以想像，在北歐那什麼都沒有的高山曠野中，剛出生的巨人喝母牛的「ㄋㄟ ㄋㄟ」，而母牛只能舔巨人背上的冰晶與鹽粒。最後，巨人的腋下長出其他小巨人；母牛更厲害，還能從冰晶鹽粒裡舔出諸神的祖先。

你一定不相信，但沒辦法，北歐那個地方極寒冷、極荒涼，在只有冰天雪地、高山岩石的地方，還能創造出這麼特別的神話，除了佩服，也只有佩服啊……

2 人類是怎麼來的？

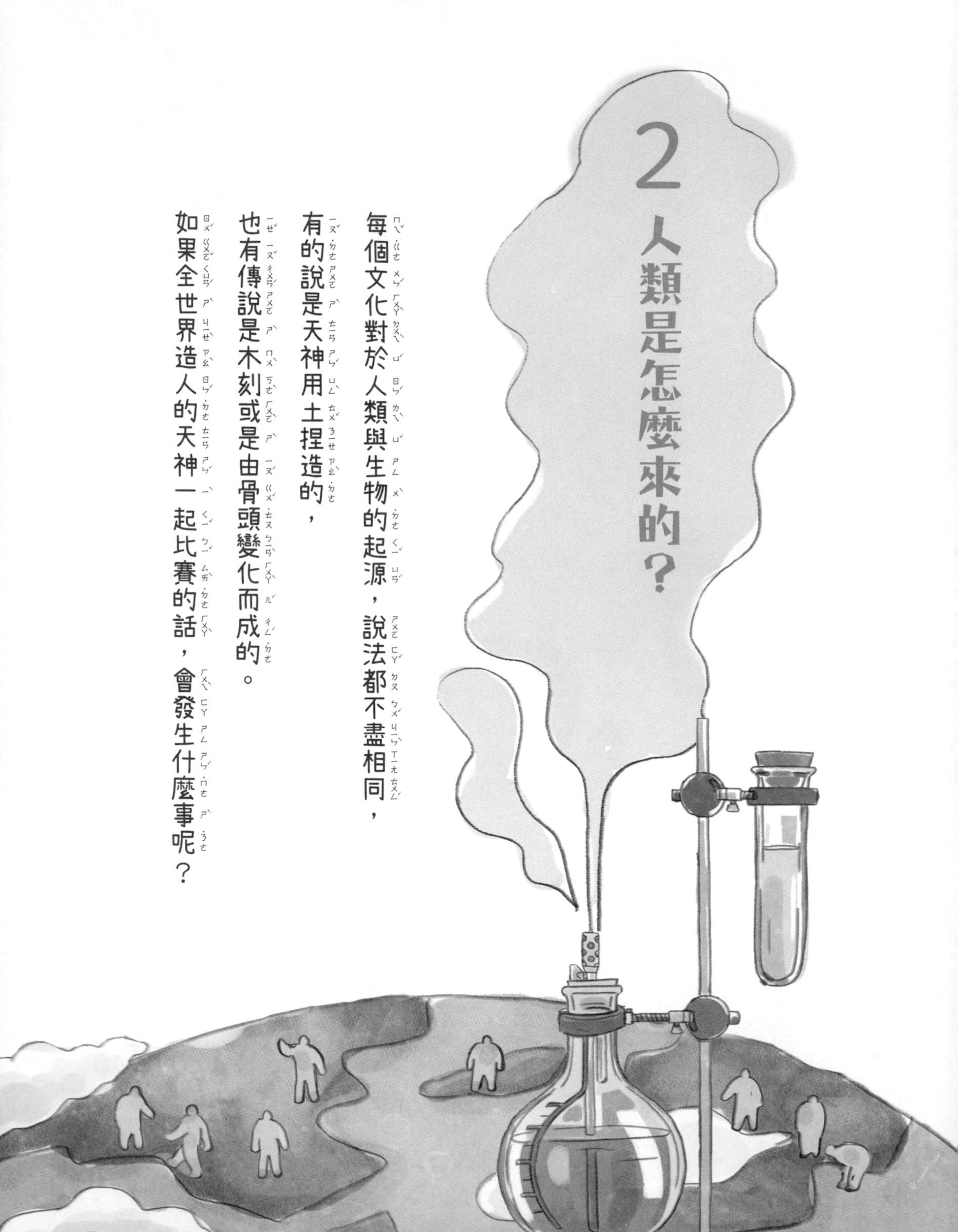

每個文化對於人類與生物的起源，說法都不盡相同，
有的說是天神用土捏造的，
也有傳說是木刻或是由骨頭變化而成的。
如果全世界造人的天神一起比賽的話，會發生什麼事呢？

宇宙洪荒，地球一片荒涼，萬神之神宣布「神造世人比賽」正式開始。

泥巴是各個眾神優先想到的材料，因為泡水就軟，形狀更可以千變萬化。

中國代表是女媧——她先用泥巴捏，嫌太慢，再用樹枝沾泥漿，往地上一甩，甩出去的泥點點就變成一個個的小人兒，這些小人兒會笑、

會哭，都朝著女媧叫媽媽。

女媧笑了，其他天神想的也都差不多，上帝耶和華、希臘普羅米修斯，大家都埋頭用功，看誰捏出來的「人」比較漂亮、有型。

非洲的天神喬奧克與眾不同，他在地球上走走停停，四處尋找不同的原料，先拿白土造白人，用尼羅河的泥土造出紅人，最後用黑泥捏出黑人。

「世界這麼大，人怎麼可以都一樣？你們快來看看我的人類小娃娃。」喬奧克開心的說：「什麼是創意？我這就叫做創意！」

「那可不一定。」日耳曼的天神叫做歐丁，歐丁冷笑一聲：「他們用泥巴，你也用泥巴，一樣都是泥巴，有什麼不一樣？」

「那你決定怎麼做？」喬奧克笑著問。

「等我想想。」

歐丁在地球上走來走去，他走在山海交界的地方，這裡海浪輕緩拍打，這裡藍天白雲，景色很漂亮，就是少了點歡笑。

突然，歐丁發現岸邊有兩棵特別漂亮的樹。

一棵高大威武。

一棵嬌小柔美。

「就是它們了。」歐丁施法把樹砍下，高大的做成男人，嬌小的變成女人，吹口氣，兩個木頭人睜開眼睛了，笑一笑，跳一跳。歐丁得意的說：「我造的人，很不同吧！」

「有趣有趣！」身兼比賽主辦人與裁判的萬神之神點點頭：「利用不同的材料，造出新的生命，這個創意好！」

印加的創世神名叫帕查卡馬克，他找出許多石頭，用石頭雕刻出許許多多的石像，它們之中，有普通百姓、有領導人類的首領，

還有孕婦和小孩，這是個大工程，他刻了成千上萬個石像，一一寫上名字，然後擺到每個地區。

第二天，太陽光一照射，哇，滿山遍野的石像，全都變成活蹦亂跳的人。帕查卡馬克呼了一口氣，終於成功達成任務，他看看旁邊，唉呀，馬雅人的天神正擦著汗，一臉傷「神」的表情。

馬雅人的天神其實很認真，一開始也跟大家一樣，拿著泥巴捏呀捏，沒有想到捏好了，白花花的陽光一照，剛捏好的人像卻被晒裂了。

曬裂的人像不能成為人。

他改用木頭刻，刻呀刻呀，好不容易刻好了，來了一場大雨，刻好的木頭人都被雨水泡爛了。

馬雅天神看看帕查卡馬克，他也想用石頭來刻人，但是那速度實在太慢也太累了，怎麼辦呢？其他天神的人都快造好啦。

馬雅天神東張西望，咦？他發現了玉米！

金黃色的玉米就像黃金一樣，用玉米粉造出來的人，不怕雨淋，一樣會跑、會跳、會說話，而且，玉米有多種顏色，白玉米、黃玉米、黑玉米，甚至還有紫玉米，造出來的人就有了各種膚色。

「這才是創意。」馬雅天神笑一笑，其他天神想學也沒辦法，在當時也只有南美洲有玉米啊！

這是史上第一場創意比賽，各地天神比賽造人，你覺得哪位天神造出來的人最有創意呢？

為什麼馬雅人用玉米造人？

在馬雅神話中，人類是用玉米粉做出來的。一開始，馬雅的天神也是用泥土來造人，但是泥土人被雨水一沖刷就融化了；於是，天神後來改用木頭造人，可惜木頭會腐朽。馬雅人的天神有實驗精神，跟愛迪生一樣，不知道找了多少種材料，最後才找到玉米。

對馬雅人來說，玉米是重要的農作物，就像他們的生命。有專家調查，馬雅人在四千年前就開始以玉米為食物，三餐都吃玉米，玉米餅、玉米糊、玉米粽……等，越是貧窮的地方，以玉米為食物的比重越重，甚至是唯一的食物。因此，豐收的玉米代表的就是豐碩的生命，餵養了世世代代的馬雅文化。

曾經有一部電影，主角要尋找馬雅人的黃金城，結局是真的找到了黃金城，但是在以前飢荒的日子裡，馬雅人那些堆積如山的玉米作物，應該會比黃金更有價值吧？

十五世紀後，玉米被歐洲人引進各地，它能適應各地的氣候，是全球總產量最高的糧食作物，除了夜市烤玉米、玉米餅、爆米花之外，玉米也能提煉植物油，當作牛魚雞豬的飼料，難怪馬雅人的天神當初會獨具慧眼，用玉米粉來造人了。

3 女神降臨——女媧見面會

傳說中，人類是由女媧用泥巴製造出來的。
女媧愛護人類，在水神共工與火神祝融交戰，
撞斷其中一個世界支柱「不周山」，導致天空塌陷時，
她不忍心人類受苦，因此煉製五彩石補天。
如果能和傳說中的女神「女媧」見面，你最想跟她說什麼呢？

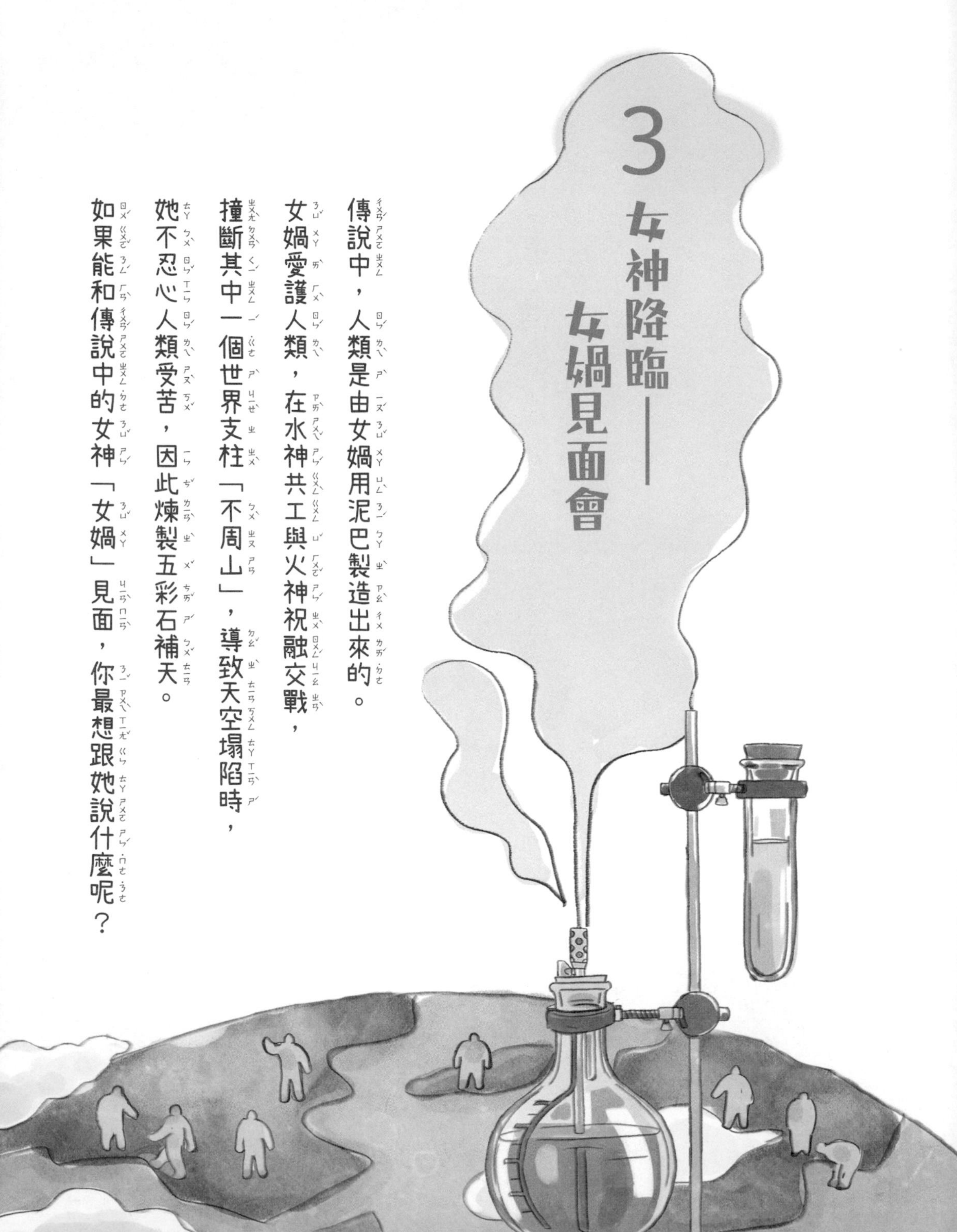

這堂課，值得期待。

阿米子老師前幾天就預告了，今天的語文課，她邀請了好朋友——女媧來上課。

「女媧？」

「不可能。」

「女媧是神話人物，怎麼會來上課？」

「老師怎麼會認識女媧？」

班上同學七嘴八舌，阿米子老師也不多解釋：「你們有什麼問題，自己問女媧老師吧！」

阿米子老師那副神祕的樣子，吊足班上同學的胃口。但不用老師說，我回家立刻查「谷歌大神」，先把女媧的背景查清楚，等著上課時和女媧老師過招。

我想，即使真的是女媧來上課，她應該也沒有用過電腦和網路吧？

根據「谷歌大神」資料記錄，上古天神女媧，長得人首蛇身，她創造人類，後來有兩個天神打架，撞破天空，女媧煉了五彩石，這才把天空補好。

網路上的訊息還有——紅樓夢裡的賈寶玉，他出生帶來的寶石，就是女媧煉石剩下的石頭之一。

另一顆，有人猜是花果山的石頭，後來變成孫悟空。

哇！越讀越期待，要是我真的能遇見女媧……

這天，女媧真的要來了，真的……

阿米子老師把教室的智慧電視打開。

「怎是電視？」班上同學喊：「這是視訊嘛！」

「不然呢？」阿米子老師笑著說。

螢幕上，出現一個人跟我們打招呼，她長得很漂亮，還讓我們看她的身體，媽媽咪呀，她的下半身真的是蛇，長長的蛇尾盤在一棵大樹上，童話故事裡有美人魚，那她就是美人蛇。

女媧的聲音很好聽，甜甜的。

「你在哪裡呀？」班長第一個發問。

「我啊？我在這裡啊。」女媧笑起來，笑容也是甜甜的：「各位同學大家好，很開心認識你們。」

「你怎麼不到教室來呢？」副班長搶著舉手。

「我太忙了嘛！如果每一間學校都邀請我去，把我切成一萬塊也

不夠分呀。」

怕又錯過機會，我也急忙舉起手：「女媧老師，聽說我們人類是你創造出來的？」

「喔！你有做功課喔，沒錯，人類是我用泥巴捏出來的，所以你們也可以把我叫做女媧奶奶。」她的年紀看起來明明就很年輕啊。

我們班的葉小蘭舉手說：「用泥巴捏？太慢了吧？」

「聰明，所以後來我改用樹枝沾泥巴，往地上一甩，甩出來的泥珠就變成一個個的人。」女媧調皮的吐吐舌頭：「只是泥珠有的大、有的小，有的長、有的短，有的黑一點，有的白一些，就像你們人類現在的樣子。」

女媧一說完，大家全望著王小薇，她的個子最小：「哈哈哈，小薇的泥珠子一定最小顆。」王小薇沒生氣，她的脾氣好，她比較想知道：「女媧老師創造人類，那誰創造你呢？」

女媧點點頭：「我創造人類，我媽創造我啊，她叫做華胥氏，有一天踩到巨人腳印，結果就懷孕生下我，我就是這麼來的。」

我們聽了嚇一跳：「哇！踩個腳印就能生娃娃？」

「這是真的，我也是聽我媽媽說的。」女媧笑得很開心，連阿米子老師都笑了。

「所以，你媽媽也是長得跟你一樣嗎？」我們班的強強舉手問。

「當然啦，我媽媽也是一條美人蛇。」

「蛇怎麼會有腳可以『踩』呢？」有人問。

「你和蛇魔女梅杜莎、白蛇傳的白蛇是親戚嗎？」

「既然你是美人蛇，那是胎生？還是卵生？」也有人問。

我們的問題越來越多，越來越奇怪：「人首蛇身，到底是人？還是蛇？」

「人是胎生，蛇是卵生，你是什麼生？」

「這個啊……」女媧的笑容僵住了。

阿米子老師手指比個噓，大概不想讓我們繼續「問題問到飽」。

強強是好奇寶寶，他的手舉得高高的：「你創造人，華胥氏創造你，那誰創造華胥氏？」

女媧奶奶的眉頭皺得更緊了。

「是啊是啊，誰創造的呢？」我們想知道，女媧的臉卻脹紅了，聲音變粗了：「不知道，人家媽媽當年也沒告訴我啊。」

「可是我們想知道啊。」我們的問題阿米子老師也管不住，結果，女媧老師的臉越來越紅，教室的智慧電視機開始左搖右晃……砰的一聲，彈到天花板，撞破一個洞，然後又砰砰砰連三響，二樓的、三樓的和四樓的天花板全被撞破的聲音。伴隨的還有其他教室傳來的尖叫聲……

當年女媧補天，現在，誰來幫我們補天花板？

為什麼人都是泥巴造出來的？

中國神話裡說，當天地出現後，慢慢的有了山川草木和鳥獸，但人頭蛇身的女媧認為，應該為世界多添加一點有靈性的生物，所以她用泥土混了水，以倒映在水面自己的樣貌，做出第一個人。

只是用泥巴捏人的速度比較慢，女媧是萬物之母嘛，她靈機一動，又創造出一條繩子來，用繩子沾了泥漿，一甩落地後，那泥珠就變成了一個個人類。我們有的人高，有的人矮，原因就出在「女媧造人」這一切都不是機器製造的嘛，泥珠子抖落有大有小，人也就因此有了各種不同樣貌。

用泥土造人，世界各地不同的神話也有相似說法，比如埃及的天神用尼羅河黏土塑造人類的祖先、希臘神話的宙斯用黏土造人、雅典娜給泥人活力和生命等等。

你也一定很好奇，為什麼這麼多神話裡，天神們都用泥巴做人呢？

嗯，你搓搓自己的皮膚試試，是不是能搓出一點泥丸子？或許，泥巴造人的神話就是這樣來的呢！

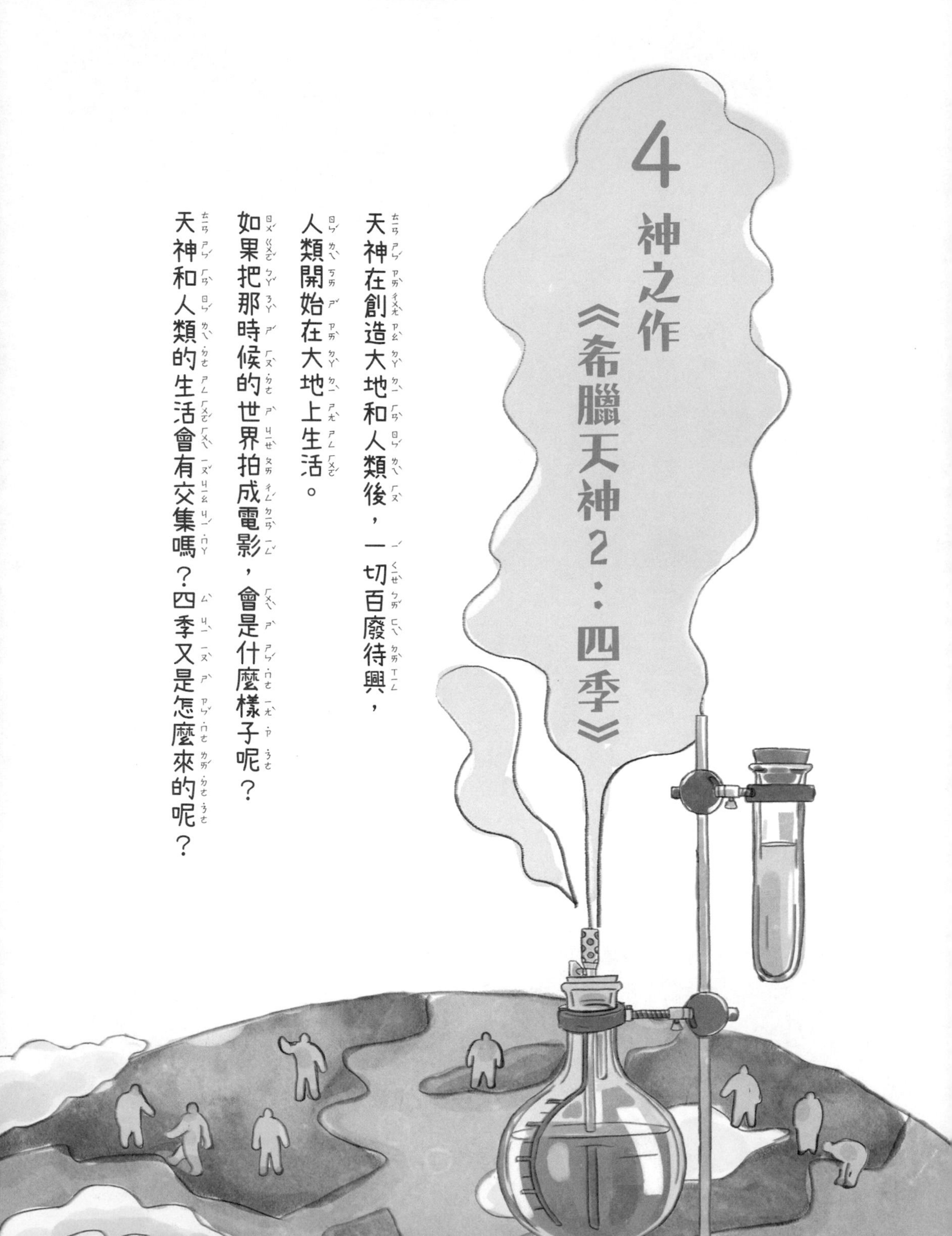

4 神之作《希臘天神2：四季》

天神在創造大地和人類後，一切百廢待興，人類開始在大地上生活。

如果把那時候的世界拍成電影，會是什麼樣子呢？

天神和人類的生活會有交集嗎？四季又是怎麼來的呢？

今年最值得一看的電影——《希臘天神2：四季》

影視記者咚咚豆豆——專題報導

導演：掉下巴·塔塔將亂沾

主演演員：水溝無蓋兒、克隻雞番斗、無唐平果基

出品公司：古西

推薦程度：嚇掉五顆牙

什麼電影能吸引觀眾乖乖掏錢買票，當然是賣得好的電影續集啊。《希臘天神1：天地》是五年來賣座最好的電影，電影公司老闆當然不會放棄機會，再接再厲拍攝第二集。這次續集找來更多大牌的明星，動用更多的特效鏡頭，原因無它，就是要觀眾繼續捧場。

續集故事的主線很簡單，主要描述地獄冥王愛上大地女神狄蜜特的女兒——波瑟芬妮。冥王變出了幾朵水仙花，就把這個傻姑娘騙到地府去了。

狄蜜特很愛很愛她的女兒，發現女兒不見後，母愛化成悲憤的力量，讓世界瞬間冰凍，於是大地變成了永恆的凍原，除了冰天雪地，什麼作物也長不出來。

眼看大地一片死寂，因此天神宙斯只好親自出馬，勸說冥王放了波瑟芬妮，但這個傻姑娘回家之前，竟然吃下冥王給的石榴，從此她雖然能回到人間，但每年有一段時間得回去陰間陪伴冥王。當她留在人間時，春暖花開，氣候宜人；當她回去陰間時，母親狄蜜特思念她，冰天雪地覆蓋人間，人間因此有了四季變化。

記者為您整理這次電影三大看點：

1 為了拍出大地被冰凍的景象，攝影團隊遠赴格陵蘭島拍攝，

忠實呈現零下五十度冰封原野的寂靜景象，被譽為人類電影史上，最具史詩格局的恢弘視野。除此之外，導演運用大量的特效鏡頭，將那種撲天蓋地而來的急凍影像，完美3D呈現，讓人不自覺抓緊扶手，眼睛卻連眨都捨不得眨。

2 大地女神狄蜜特與波瑟芬妮重逢的喜悅，導演使用了大量的縮時攝影，包括玉米從發芽到開花、結果的精采鏡頭，農田小麥由幼苗到茁壯、抽穗與豐收，全部一鏡到底，讓人嘆為觀止。

劇組邀請一組龐大的考古團隊，於希臘史書、神話故事裡找出大地女神神殿的真實樣貌，製作團隊派出一千人的工程、考古、美術團隊，在希臘大地女神的神殿原址，花了三年的時間，以一比一的比例，重新打造出數千年前的神殿，如此真實的神殿，絕不是其他片廠搭布景、用動畫後製能比擬的。

最後，誠摯送上幾位觀影人的精采回饋，提供各位參考。

橘子貓：你問我這部電影怎麼樣？嗯，從頭到尾我都沒空喝可樂，爆米花還被我自己一腳踢翻滾到地上去，中間有一大段太刺激了，讓我兒子忍不住捏緊我的手，出來還因為手嚴重瘀青去醫院掛急診！你認為這樣的影評夠不夠有力？可以說服你買票去戲院嗎？

電影打瞌睡：別管女主角了！真正好看的是太極拳大戰詠春拳，精采的是葉問與臺灣英雄廖添丁大對決。什麼！你們沒看過？那還不快點買張票，支持一下國片？啥，這部不是國片？啊！原來是我弄錯電影了，不好意思，不好意思，那就等電影公司用花貓快遞送我電影票，等我看過電影之後，再向大家推薦這部電影。

不負責影評師：本片有傳統電影少見的驚悚與喜劇結合，帶有濃厚的希臘英語腔是一大敗筆，話說幾千年前的希臘天神會講英語嗎？神說的話應該是標準的希臘「神話」，豈可用凡夫俗子使用的希臘式英語來敷衍大眾？因此，我緊急呼籲，電影公司應該趕緊邀請正牌希臘天神跨界錄音，雖然大家都聽不懂，但保證是原汁原味，這才對得起希臘王牌天神們。（不過現在希臘天神們還活著嗎？）

豐收女神狄蜜特

在希臘神話中，狄蜜特是大地女神，她給予大地生機，教導人類耕種，所以狄蜜特在古代是很受人尊崇的。雖然她的女兒被冥王黑帝斯抓走，因而造成人間四季變化，值得同情，但是她也曾狠心，害得一位父親不斷變賣自己的女兒。

事情是這樣的，在希臘神話裡，厄里西克同國王竟然想砍掉狄蜜特聖林裡的橡樹，不管樹木精靈怎麼懇求，他都不聽，最後樹被砍了，精靈一命嗚呼，狄蜜特知道後勃然大怒，立刻派出飢餓女神去懲罰國王。

從此，厄里西克同國王的胃變成無底洞，如果參加大胃王比賽一定是冠軍，可惜當年沒有這種比賽，受詛咒的厄里西克同永遠都吃不飽，把皇宮的東西都賣光來買食物，但還是吃不夠，最後他竟連自己唯一的女兒都賣了。

還好，海神波塞頓可憐小公主的遭遇，賜予她變身的法術，父親把她賣了，她就變成動物再跑回來，父親知道她有這能力後，就一次又一次的賣了她。

這大概是最有環保意識的神話故事，告訴我們別亂砍樹，別惹狄蜜特不高興！

5 為什麼熊是趴在地上行走？

位於美洲的原住民印地安人，
他們敬畏大自然中的一草一木及動物神靈。
在他們的神話中，天地萬物都是天神來到世界的遺跡與創造。
一開始天神創造了各種動物，
一開始熊和現在的人類一樣，都是兩腳站立，直到後來……

冰天雪地的原野，在一個溫暖的印第安帳篷裡有一對爺孫。爐裡有火，小男孩雅克烤著棉花糖，糖烤焦了，雅克卻笑了起來。爺爺搖搖頭說：「你就像那個創造大地的無聊天神。」

雅克聽過這故事，那是很久很久以前，天神像個孩子，整天拿著枴杖戳地，戳呀戳，地被他戳出一個洞。

天神住所的地板其實是另一個世界的天空，天神從破洞往下望，發現荒涼的大地。這個無聊的天神，把冰雪往地下撒，撒呀撒，冰雪在地上越積越高，最後積成一座高山，頂到了天。

天神順著山往下溜到地面。神奇的事發生了，天神的手觸碰到的地方，立刻長出花草樹木，天神的腳踩到的地方，裂解成湍急的河流，他把枴杖折斷，搓搓揉揉，往四周一撒，掉進河裡的成了魚蝦；飛進森林裡的，成了昆蟲與走獸；而留在空中久一點的，就變成了無數的飛鳥。

「你知道為什麼灰熊住在山裡嗎？」爺爺問。

雅克說：「我知道，天神膽子太小，他怕自己創造出來的灰熊。」

「那時的熊，像人一樣站著走路。」

「熊像人一樣，兩腳站立？」

爺爺的臉上漾出笑來，原野的夜裡很適合說故事的：「天神全家待在洞口邊，天天望著大地，看小鹿出生，看老鷹捕食，看原野的花開，簡直就像……」

「像什麼？」

爺爺把雅克的手機拿過去：「像你老是玩這個一樣啊。」

「後來呢？」

爺爺把手機還給雅克，接著說：「有一天，天神的小女兒不小心，從洞口掉到山上，一路滾啊滾，滾到了大地。她有一頭紅髮，灰熊媽媽救了她，把她當成自己的孩子養大，最後讓自己的兒子娶

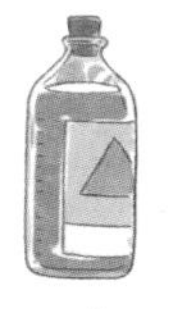

了她。」

雅克搗著嘴巴：「天神的女兒嫁給一頭熊？」

「後來，她生了很多很多的孩子，這些孩子都有媽媽那樣的紅髮、紅色的皮膚，卻沒有爸爸濃密的熊毛。」

「他們從此過著幸福快樂的日子？」雅克打了個呵欠。

「不，」爺爺嘆了口氣：「灰熊媽媽老了，年紀大了，開始越來越擔心了。」

「有什麼好擔心的？」

「這個媳婦是神的女兒，他們結婚這件事沒跟神說過。所以他們就派了個孫子，爬上那座直抵天空的高山，去向天神報告，天神一知道這個消息，三步併做兩步下山來，他走得那麼急，腳下一踩，留下一個個巨大的腳印，雨落下後成了湖。

「天神找到女兒了嗎？」

「找到啦，神以為女兒還是從前的小姑娘，沒想到，女兒打開門，裡頭還有一大群怪模怪樣的孩子。」

「多怪啊？」

「那些孩子都有兩隻手、兩隻腳，還有眼睛、鼻子和嘴巴，你說怪不怪？」

「跟我一樣嘛！」

「沒錯，就跟你我一樣，我們都是神和熊的後代。」

「原來，印第安人是這樣來的，那我猜天神一定很高興，有了這麼多孫子。」

爺爺搖搖頭：「不，天神生氣了，他詛咒所有的灰熊，讓牠們從今以後，只能把腰彎下去，四肢著地的走，再也不准牠們說話，反省牠們的過錯。」

「天神好嚴厲喔！」

「他把女兒帶回天上，把接連的山踢掉一塊，從此天和地再也不相連，從此，人和神再也不相往來。」

故事講完了，睿智的爺爺看著雅克：「該睡了吧？」

雅克的眼睛還是亮亮的：「神那麼聰明又那麼厲害，怎麼會沒有發現女兒掉下去了？」

「這個啊……」

「神無所不能，女兒掉哪裡，他怎麼不知道？」雅克繼續追問。

「……」

「灰熊媽媽怎麼一開始不知道她是神的女兒，後來就知道了？爺爺，你別裝睡了……」

另一個熊神話

這個熊的故事是來自印第安神話。他們崇敬大自然，所以人熊可以相戀，人可以是熊的後代子孫。不過，關於熊的神話故事，在世界各地不少，例如七顆星星構成的大熊座，故事就來自希臘羅馬神話。

話說狩獵女神阿爾特彌斯，曾經讓宙斯為她實現六個願望，其中一個是永保貞潔，跟著她的仙女卡利斯托也曾發過同樣的誓言，結果卻受了宙斯的誘惑，成了他的女朋友。

在希臘神話裡，誰當宙斯的女朋友誰都會倒楣，果然吧，阿爾特彌斯一氣之下，就把卡利斯托變成了熊。

卡利斯托有個兒子，一出生就跟母親分離了，有這麼一天，變成熊的卡利斯托在森林裡發現自己的兒子，幾年不見，她心情激動呀，一看到兒子就拚命的朝他跑過去。但她的兒子可沒想到，森林裡跑來的大熊會是自己的媽媽呀，他想也沒想，抽出一枝箭，嗖的一聲，就把箭射了出去。

還好，還好，宙斯恰好在空中一瞥，為了救卡利斯托，在箭即將射中她時，把她移到天空中，成了大熊座裡的北斗七星。在夏天的夜晚，不彷抬頭望望天空，找找大熊星座，或許會看見卡利斯托對你眨眨眼喔！

6 巴比倫那隻最小的牛

各地天神創造了許多動物，讓地球上各區域動物都各具特色，品種各異，外觀也有所不同。

傳說中，在巴比倫有隻神奇的小牛，創造了許多不可思議的奇蹟。

究竟這隻牛有多小，又可以做什麼呢？

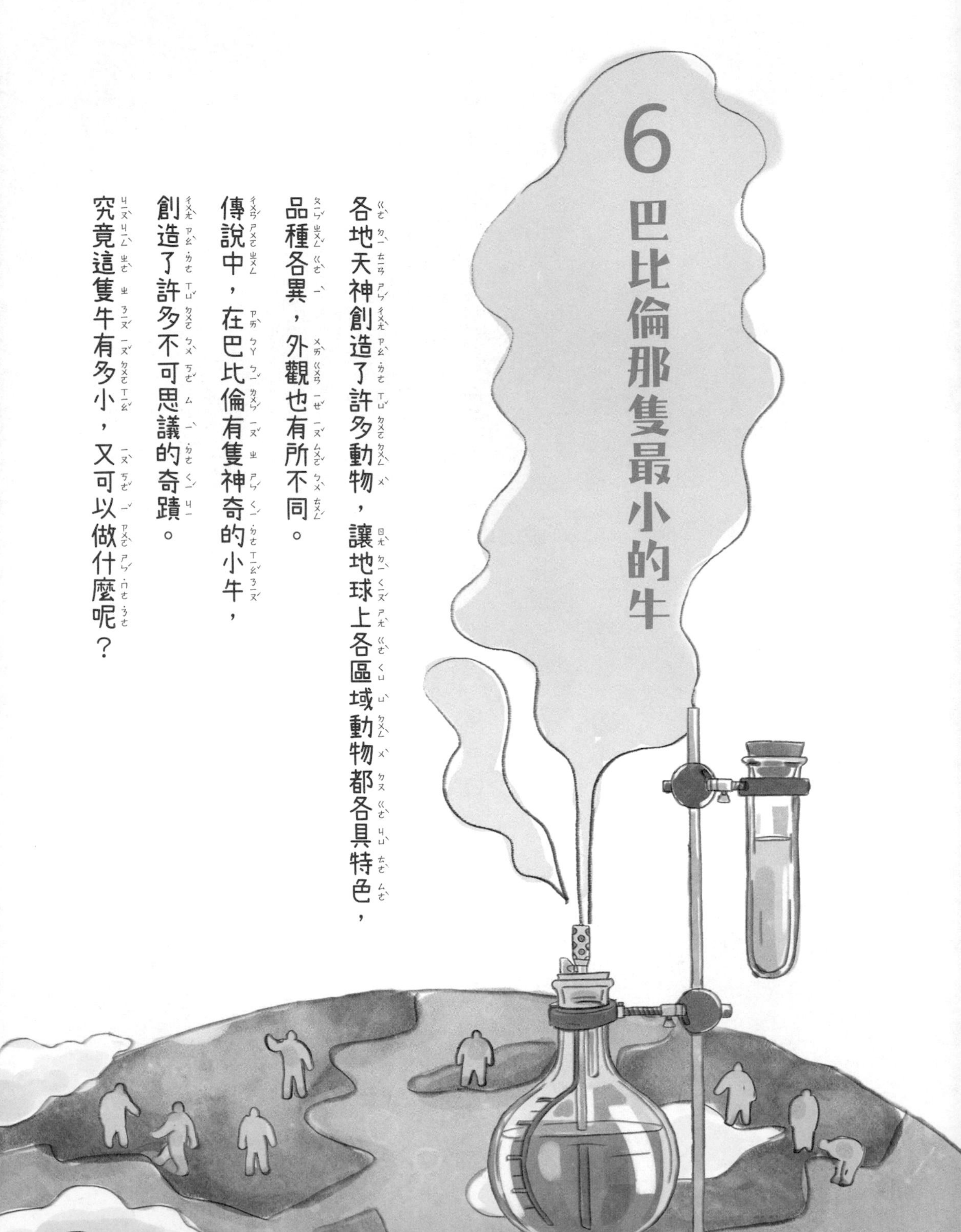

去年，巴比倫眾神為了展示神力，決定將他們的神蹟「拇指牛」，拍成廣告，以便吸引信徒，讓信徒可以因此更崇拜巴比倫眾神。他們推舉了阿諾大神擔任導演來製作廣告，廣告演出陣容龐大，短短三分鐘的廣告，卻展現出非凡的魔法與曲折的劇情。現在就讓我們一起看看，阿諾大神這支廣告的內容吧！

廣告一開始搭配著慘澹淒涼的配樂，畫面是一間又破又舊的泥房，瘦弱的母親滿臉愁容，年輕的兒子決定：「我要去問問阿諾大神，為什麼祂不肯幫助窮人。」

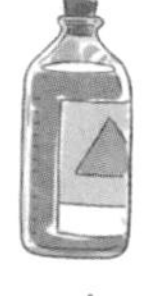

母親滿懷希望的說：「好啊，你快去快回，家裡什麼吃的都沒有了呢。」

鏡頭轉到森林，白髮老人在耕田，他的牛只有拇指大。

年輕人告訴白髮老人，他想去找阿諾大神，白髮老人拍拍他的肩：「別找阿諾大神了，有了這隻拇指牛，你就能過好日子了。」

年輕人急忙砍了一根木柴，想讓拇指牛拉回家，那隻牛卻笑：「拇指牛是你的好幫手，主人，這一丁點兒木柴，我怎麼好意思拉回村子裡去呢？」

「可是你那麼小……」

「哞！拇指牛，力大無窮，裝得太少我難受！」

螢幕上，拇指牛那輛牛車裝的柴像一座小山，拇指牛雖小卻拉得很輕快。

下一幕，他們在森林外碰上打獵的國王。國王狂笑著：「窮小子，將這頭牛賣給你最尊貴的國王吧！」

「國王啊，這頭牛不能賣！」

「不能賣？」

「不賣！」

國王氣得火冒三丈：「你敢反抗我？明天太陽出來前，如果你沒

把這座森林的樹砍光，再把地犁好，你就跟這世界說再見！」

年輕人一聽，嚇得兩腿發軟，拇指牛再次開口：「主人啊，別害怕，你去睡覺，困難的事情我來做。」

那一晚，年輕人睡不著，但螢幕另一邊卻看到，拇指牛大發神威，砍了樹，犁了田，銀色月光下剛犁好的田閃著銀光。

畫面又再度回到國王——騎在馬上的國王，目瞪口呆望著整齊的農田，他的臉脹紅了，拿鞭子指著年輕人：「哼，如果你不能在一天內，種了滿園西瓜，讓它開花又結果，然後載一大車的西瓜來給我，你就見不到明天的日落。」

「這不可能做到吧？」

「那就把牛賣給我。」國王得意的大笑。

「不可能。」年輕人不願意，卻不知道該怎麼辦。

望著國王離去的背影，拇指牛要他放心：「主人啊，別擔心，一切有我拇指牛！」

神奇的月光布滿畫面，拇指牛邊走邊播種，剛播下的種子立刻發芽、成長、開花、結果。

一望無際的瓜田，結滿碩大的西瓜。

下一幕，在皇宮前面站著驕傲的國王和神氣的士兵，但是當拇指牛拉著瓜來時，他們全嚇得從馬上掉下來，更慘的是，王宮的門太小，拇指牛拉的車太大，砰的一聲，王宮的大門被撞飛了。

國王爬起來，帶著士兵，怒氣沖沖的喊：「你這窮小子，簡直不想活了，我給你最後一次機會，讓你的牛帶我飛上天，飛不上去，你就準備送死吧！」

人怎麼能飛上天呢？

這時廣告音樂突然轉換成歡樂的曲調，拇指牛又開口了：「主人主人別憂愁，拇指牛是你的好幫手，帶著國王上天去旅遊。」

「真的？」

拇指牛眨了眨眼：「相信拇指牛，什麼好事你都有。」廣告的最後，國王坐上牛車，拇指牛拉著年輕人和國王，一躍就躍上天，來到半空中，拇指牛突然停住，國王一個筋斗掉下去，從此無影無蹤。

「回家了！」年輕人說：「幸好有拇指牛。」

「回家了！」拇指牛也說：「有事，記得來找拇指牛！」

這個廣告拍得真好，讓天神的電話接不完，只不過人們看完廣告，個個都想向天神買頭拇指牛！

牛氣衝天的牛神話

牛在神話裡，占有重要的地位，原因無它，牛的脾氣溫馴力量大，更是農人的好幫手，在神話故事裡擔綱重要角色，並不令人意外。

除了這則拇指牛的故事外，西遊記有牛魔王，他曾是孫悟空的結拜兄弟，陪著孫悟空大鬧天宮，等到孫悟空被鎮壓在五指山下時，他就遠走他鄉，和羅剎公主結婚，生下紅孩兒。

太上老君的坐騎是青牛，這條牛也曾經私自下凡當妖怪，要不是天上眾神來幫忙，唐三藏的取經之旅說不定就要半途而廢了。在中國神話中，也有在地府的牛頭人身使者，負責巡邏和搜捕罪人的工作。而北歐創世神話裡，母牛可以舔出天神；而說到牛，希臘神話當然也不會缺席，宙斯就曾經化身大公牛，去追求美麗的公主，成了金牛座的故事由來。

希臘神話裡，還有隻牛頭人身的米諾斯，他守著克里特迷宮，喜歡吃人，人類一不小心陷入迷宮已經夠慘了，好不容易走到終點卻發現米諾斯，誰還能逃得掉？

牛的神話是不是很有趣？翻翻書或是查電腦，你還能找到哪些神氣的「牛神話」呢？

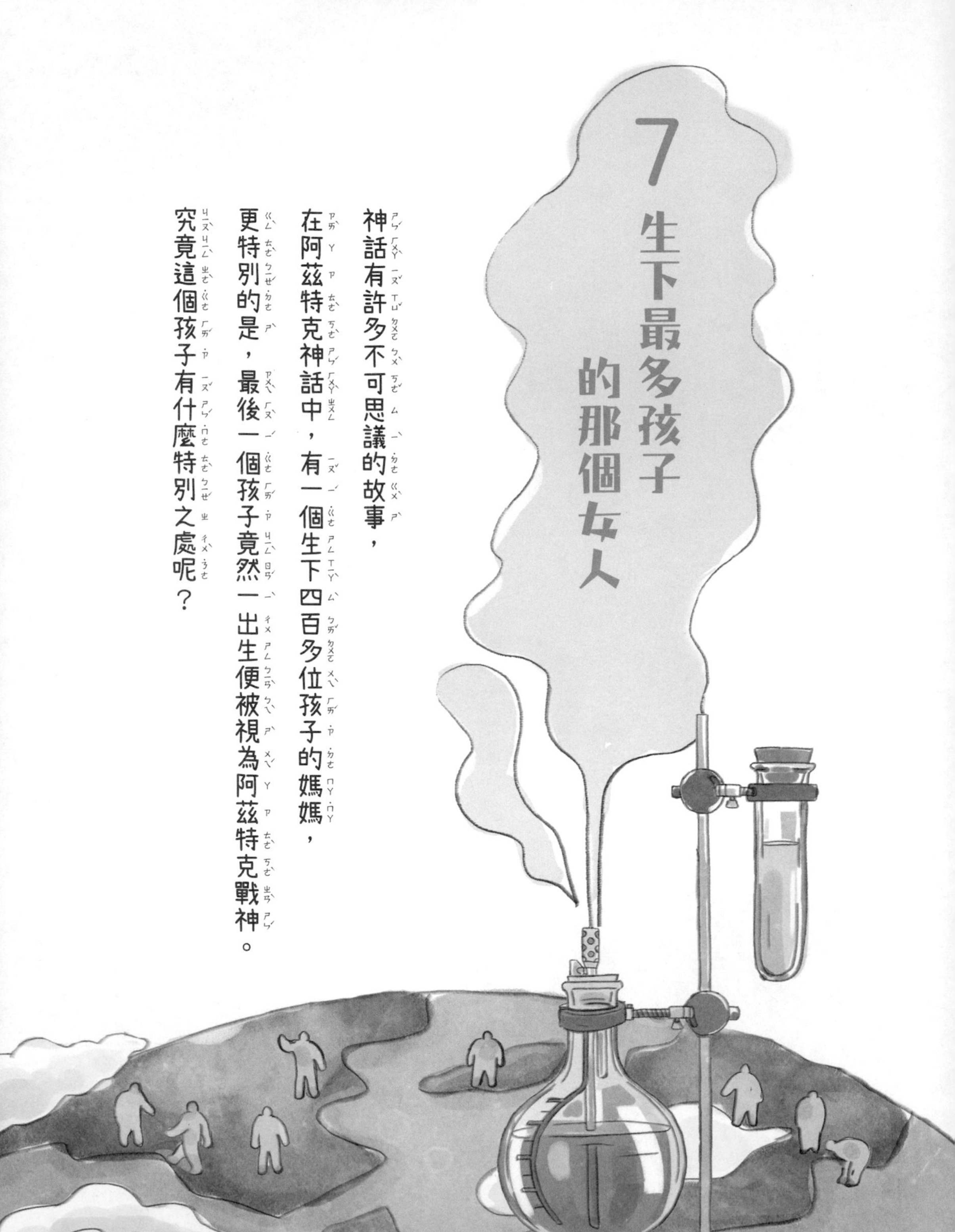

7 生下最多孩子的那個女人

神話有許多不可思議的故事，
在阿茲特克神話中，有一個生下四百多位孩子的媽媽，
更特別的是，最後一個孩子竟然一出生便被視為阿茲特克戰神。
究竟這個孩子有什麼特別之處呢？

可能通訊社　阿茲特克20日專電

一個女人最多可以生幾個孩子？記者在阿茲特克人的神話裡，找到了比金氏世界紀錄還要「創紀錄」的紀錄。

在蛇山有個名叫庫特利奎的女人，她生下四百零二個孩子，還引發世界上第一場戰爭，這是怎麼回事呢？

記者特地到蛇山採訪，據當地人說，這個名叫庫特利奎的老媽媽，先是生下一個脾氣暴躁的女兒，之後又生下四百個兒子。

奇怪的事還在後頭。蛇山上有座神廟，虔誠的庫特利奎每天都

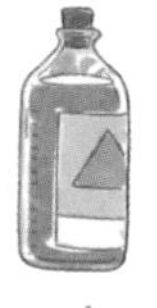

會去打掃神廟。有一天，她在清掃聖殿時，天空落下一顆插著羽毛的小球，庫特利奎把小球放在懷裡，等她工作完後卻找不到那顆球。讓人吃驚的事情發生了！這個有四百零一個孩子的媽媽，竟然又懷孕了。

母親懷孕是好事，但是記者卻得到獨家內幕——四百零一個孩子都很生氣：

「媽媽怎麼會再懷孕？」

「已經生了這麼多孩子，還要再生一個，真是太丟臉！」

四百個兄弟團結起來，決定找媽媽算帳；庫特利奎很傷心，肚子裡的孩子卻安慰她：「媽咪，你別怕，這件事讓我來解決！」

「你？你還沒出生啊！」

「別擔心，他們來了，我就出來了，對了，我的名字叫做惠齊洛波契特利。」

一個還沒出生的孩子就會講話？而且還自己取了名字？

這真是太奇怪了！但是庫特利奎聽了，心情卻放鬆了。

蛇山下，四百個兄弟在大姊的指導下，開始武裝準備打仗，他們梳洗長髮，穿好戰袍，餵飽戰馬，對了，還有長矛，他們連長矛都磨利了，只等出發的號令一響。

戰爭開始了，四百個兒子朝著蛇山前進，衝在最前面哇啦啦大叫的是惡毒的大女兒：「母親，我們來了！」

「母親，我們來了！」

那些怒吼太可怕，嚇得空中的老鷹都飛走了，也嚇得這個媽媽渾身顫抖。

還沒出世的惠齊洛波契特利輕柔的呼喚她，要她別怕：「一切有我在呢！」

「可是你在我肚子裡啊。」

「所以你更不用怕，因為我哪裡都沒去啊。」

馬蹄聲讓大地震動，四百個兒子的吼叫直達天際，他們來了，來了，四百個兄弟衝進家門那一刻，一道閃光，一陣怒吼，媽媽肚子裡，跑出一個威風凜凜的勇士——

哇！那是惠齊洛波契特利！

他一手執盾，一手持矛，頭上插著羽毛頭飾，身材高大，雙眼閃著精光，就像天神降臨大地，只用一個閃

電，就讓大姊身陷火海。

四百個兄弟蜂擁而上，惠齊洛波契特利毫不畏懼，他不斷的進攻，打得四百個哥哥毫無招架之力，他們被擊退了，被趕下山了，惠齊洛波契特利繼續追擊，四百個兄弟不管躲到哪裡都沒用，這個剛出生的弟弟不斷攻擊，直到所有的哥哥都被他擊敗。

身陷火海的姊姊化成一團火球，冉冉升上天空，變成今天的月亮。倒地不起的兄弟們，一個接著一個飛到月亮旁邊，化成最璀燦的星辰。

一誕生就打了一場大勝仗的惠齊洛波契特利，從此被阿茲特克人尊奉為「戰神」，而他的媽媽，那個生了四百零二個孩子的庫特利奎，榮登人類有史以來生過最多孩子的媽媽，人家說有圖有真相，但不是記者偷懶，實在是當時庫特利奎生出戰神時，卻沒順便生臺相機，不然，來張四百個兄弟大戰畫面，一定更能取信於大家。

以上是記者來自阿茲特克的專文報導。

話說世界戰神們

古代的人為了生存，為了保護部落，不得不打仗。打仗可沒有必勝的道理，所以神話裡就出現了戰神，拜戰神祈求逢仗必勝，而阿茲特克人信仰的戰神便是惠齊洛波契特利。傳說中，他一出生就全副武裝，一副出世就要打遍天下的氣勢。

在希臘神話裡的戰神阿瑞斯，他是宙斯的兒子，外表英俊但性格好鬥，他是災禍的化身，或許最足以代表戰神，因為戰爭總帶來災難。印度的戰神是卡爾凱蒂耶，據說他出生四天就成為神軍總司令，六天後就率領天上神仙打敗了邪神，戰鬥指數直逼阿茲特克的惠齊洛波契特利。

中國沒有「戰神」這個稱呼，但有個厲害無比的蚩尤，傳說他有三頭六臂，長得銅頭鐵額，刀槍不入，曾經打敗炎帝，率領八十一個兄弟與黃帝大戰，他被黃帝打敗之後，黃帝敬重他打仗時的勇往直前，把他的樣子畫在軍旗上，用來激勵自己的士兵們，這應該是中國神話裡，第一代的戰神吧？

總之，戰爭是災禍的象徵，我們祈求國泰民安，戰神雖然威風，還是最好別來吧！

進階實驗篇
神啊！
請實現我的願望！

8 出這款遊戲就對啦！

大部分的天神都是永生的，掌管人類世界運作，或是庇佑安全。但北歐的天神卻不太一樣，他們彼此之間會吵架、征戰，更可能需要跟巨人族戰鬥，甚至有可能會死亡。

想一想，如果把北歐神話人物製作成遊戲的話，誰能當最佳主角呢？

親愛的遊戲盒子公司：

大家好，我是小歐，是歐洲的歐。我是可能小學三年愛班的學生，我們學校在動物園站的下一站，你們來過嗎？

我喜歡玩手機遊戲，首先，先謝謝貴公司製作了這麼多有趣的手遊，像是《滷蛋騎士戰記》、《魔法召喚軍團》，還有我最近猛練的《奇幻火龍族》，每一款遊戲都陪我度過許多美好的時光。我最愛《奇幻火龍族》，裡頭的火龍隻隻栩栩如生，我養的阿魯巴巴北歐龍，火力超強，攻占城堡只要噴一下火，就可以把異人軍團全部消滅光光，真的好厲害。

可惜你們製作的遊戲裡，也有很不好玩的遊戲，如果想知道是哪一種，一定要記得寫信給我，我曾做過手遊的評分表，我可以把最「那個那個」的遊戲告訴你們。（媽媽說不能直接批評別人，所以我就用「那個那個」代替，這樣你們就知道意思了吧？）

今天寫信給你們，是因為我把「阿魯巴巴北歐龍」練到最頂級之後，就對北歐神話很有興趣，媽媽在網路書店幫我買了一本二手書，那本書就是《諸神黃昏之前的北歐神話》，她要求我讀完之後，一定要把心得寫成這一封信，建議你們：下一款遊戲一定要製作北歐神話系列的遊戲。

我的理由如下：在北歐神話裡有許多神族，也有可怕的冰霜巨人、侏儒和人類。其中我最喜歡的天神是威力強大的雷神索爾，他是維持神界安全的天神，也曾站出來對抗巨人族。最特別的是，他的鎚子是由矮人族製作的，當他開始攻擊時，每一下都可以發出雷電，電得大地滋滋叫，打得敵人滿地找牙。所以如果你們出了這款遊戲，一定要記得也製作索爾的周邊商品，一定要先出雷神索爾的錘子（而且最好出各種顏色的錘子），我會第一個捧場！我也會

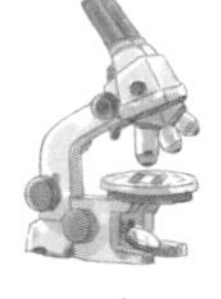

請我的好兄弟阿正來買，我們兩個是好朋友，我說什麼，他都會做。

不過北歐神話裡也有壞壞的魔神反派，那就是洛基和他的兒子們。真的，我每次讀到洛基的故事就覺得很可怕，他有一大堆又笨又好笑的壞點子，但最壞的其實是他的三個孩子：一匹巨大的狼、一條恐怖的毒蛇和一條毒龍。人類不可能生出一匹狼，但北歐的神卻可以，這就是最好玩的地方。

我媽說，世界上的神話，不管是中國、印度或是希臘羅馬的天神，他們都是長生不老的，但是，北歐神話卻很酷的讓天神對打，相互毀滅，最後幾乎死光光。一想到「神也會死」，就覺得超酷！

我建議這個遊戲應該這樣設計：玩遊戲的人可以選擇想扮演的角色，每個神都有自己的罩門。玩家可以當天神之王奧丁，但是奧丁打不過巨狼芬尼爾，如果他們相遇，芬尼爾會一口把天神之王吞下肚。

當然，也可以選擇當索爾，用雷神錘攻擊敵人，可是他也有弱點——怕蛇毒，如果碰上那條大毒蛇，被蛇毒一噴也會死翹翹。比較特別的人會選邪惡的洛基，就像玩三國志有人喜歡扮演曹操一樣，選擇反派的角色有快感，洛基也是，他夠壞，法力也高，又有孩子的幫忙，很容易稱霸宇宙。

我覺得這場世界上最棒的天神大戰，真的很適合變成遊戲，我連廣告詞都幫你們想好了：「諸神大戰，做世界毀滅後的重生者！」叔叔、阿姨們，我真心向你們推薦這個故事，如果你們把它製作出來，我一定第一個下載這個遊戲喔，還有，媽媽也說，因為這個遊戲是我的點子，希望你們到時候能在網頁上放我的相片和名字：可能小學歐皮康。

敬祝

生活越來越好玩

小歐敬上

親愛的歐皮康小朋友：

謝謝您的支持與鼓勵，你說的很「那個那個」遊戲別忘了告訴我們，未來如果有規劃類似的產品時，一定會納入您的建議，隨信附上最新遊戲下載連結點，還有一張點數的折扣券，請繼續支持遊戲盒子喔！

敬祝

學業進步　手遊過關

遊戲盒子公司敬上

諸神的黃昏

奧丁是北歐神話的眾神之王，他有好多孩子：雷神索爾、戰神提爾……，而他最愛的是英俊的巴德爾。

巴德爾做了個夢，他在夢裡死了，慈愛的母親便遊走各地，要求大家不傷害他：火焰說不燒傷他，洪水應允不淹死他，石頭與刀槍也承諾不在他身上造成傷口，樹木與野獸也同意不傷害巴德爾。

自從巴德爾刀槍不入後，諸神把這當成一場遊戲，用各種武器丟向巴德爾，果然，任何東西碰上他就自動彈開。

邪惡的洛基卻知道，弱小的槲寄生沒被人看在眼裡，更沒被要求許下諾言，所以洛基故意把槲寄生樹枝交給巴德爾的兄弟，不知情的兄弟一扔，巴德爾因此命喪槲寄生樹枝。

巴德爾死後，神界大亂，漫長的寒冬來臨，人間饑荒與戰亂，法則都被打破——包含看管巨狼、毒蛇與洛基的魔法。

這場善惡諸神的大戰，造成諸神與巨人死亡，世界成了火海，大地沉入海底。

這是諸神的黃昏，卻也是新世界的開始，我們現在身處的世界就是這麼來的喔！

9 為什麼一星期有七天？

一般學校，一星期上課五天，才能休息兩天。你會不會很好奇，為什麼我們上課時間是以一週計算，一週又為什麼是七天，而不是其他天數呢？其實這和上帝有很大的關係。想知道原因嗎？歡迎去問上帝！

為什麼一星期是七天，而且工作日還要比休息時間多？想想這實在沒道理，如果當年創造世界的上帝，一開始就指明了「一週工作兩天，休息五天。」這樣不就好了嗎？

為了這個問題，我跑去問上帝。

上帝說：「一星期為什麼有七天呀？哈哈，其實一開始，地球上什麼都沒有，地球就像顆黑色的煤球，沒有任何生物，沒人規定一週工作幾天的，既然這麼陰暗、寒冷，所以我就想，我應該要為它做些什麼。」

「做什麼？」我說：「既然四周黑漆漆，不如來點光亮？」

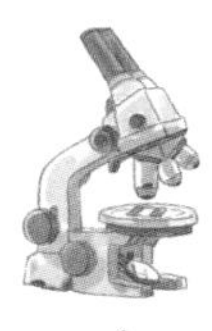

上帝笑著說：「這是個好建議，要光給光，有了光亮就有了白天，光消失了就是黑夜。」

我拍拍手：「好主意，上帝果然是上帝，想法比我們凡人還高明，然後呢？」

「然後就第二天了。我在第二天創造了天空，天空的下頭是水，水的上頭有雲朵飄浮，微風吹動浮雲，美不美？」

我向上帝說謝謝：「我也喜歡天空，配上白雲、彩虹更美，如果你那時讓大象和鱷魚在天空飄，那就怪怪的了。第三天你要做什麼呢？」

「光有水，沒有陸地也不行，第三天我要造陸地，高的是山，低的是谷地，平坦的地方是原野，光禿禿的陸地還要種上樹，高的樹、矮的樹，還有小草和鮮花，有了植物，陸地才能充滿生機。」

我說：「我猜，你第四天會造動物？」

「或許可以慢一點，陸地很漂亮了，天空還太單調，這可配不上它。我要讓月亮照亮遊蕩者，用星星妝點夜空；我要讓太陽照看白天，給大家嬉戲……」

我搖搖頭：「怪怪的，目前只有植物，怎麼會有遊蕩者？」

上帝拍拍手：「這麼一說提醒了我，我先讓大海裡有游魚，再讓

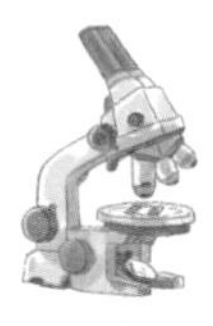

天空中有飛鳥……」

「陸地呢？我覺得你忘了它。」

上帝說：「那可不一定，最精采的要留到最後，就像我每回去餐廳，吃完主食，最後一定要有個精采絕倫的甜點來結尾。第六天我全力以赴，火力全開，全力創作。」

「所以你會在第六天……？」

「我讓森林裡跑出獅子、老虎，平原裡有羚羊和斑馬，高山上是成群的牛和野兔……，你還有什麼建議嗎？有什麼我沒造出來

的，你給我意見，我可以把牠們一一創造出來，只要你們能好好善待牠們，我幾乎無所不能，生命是那麼美……」

上帝說到這裡，他全身沐浴在一片金光裡，兩眼充滿了光亮，彷彿一個最美好的世界已經呈現在他的面前。

我覺得有點難為情，因為人類是那麼的自私貪婪，把地球的一切都破壞殆盡……

「還有人啊，」上帝自己想到了：「我在第六天把一切都造好了，然後就照著我自己的樣子造出一個男人，再從他的肋骨取出一根骨頭，創造了女人，有男人、有女人，地球的生命就能不斷傳承

下去，我不必每天辛苦工作，因為人會愛護大自然……」

聽到這裡，我知道人並沒有好好的愛護大自然，覺得很羞愧，急忙轉換話題問：「第七天呢？第七天你要做什麼？」

「累了，我累了。」上帝慈祥的拍拍我的肩頭：「第七天我得休息一下，我想人也一樣，當你們努力工作了六天，有理由讓自己好好休息一下，那天叫做安息日，因為休息是為了走更長遠的路……」

勤勞的上帝每做六天才休息一天，我覺得不好意思，現在人可是工作五天就休息兩天，而我原來是想向上帝抗議：為什麼不是工作三天、休息四天，或是工作一天、休息兩天？

我低下頭，灰溜溜的走了。

上帝依然倚在樹幹旁休息，那是勞動六天後，最甜蜜的回報！

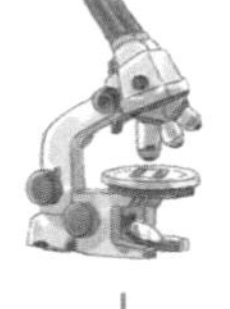

世界創造於哪一年？

上帝創造世界的故事，來自基督教的《聖經》。

《聖經》裡說，上帝用六天創造了世界，第七天歇息。

那麼，世界是在哪一天被創造出來的呢？

如果你問一個古時候的人，他很可能會告訴你，是西元前四〇〇四年。地球形成不是有四十五億年了嗎？怎麼會是西元前四〇〇四年呢？

這是因為在西元一六五〇年，愛爾蘭有一名善良虔誠的主教，有一天，他陷入一個疑惑：這個世界是什麼時候有的呢？

那時也沒有什麼科學儀器，所以他就很認真的翻閱《聖經》，把裡頭所有記載國王和先知的年齡加一加，最後就得出一個相當精準的推論：在西元前四〇〇四年十月二十六日的上午十點鐘，神創造了地球。

我們現在看這個結論覺得很好笑，但在當時大家卻都深信不疑喔，原因無它——因為這是主教大人說的話。那時的人不但相信，還確信十月二十六日是秋天，所以世界是在秋天誕生，他們再把自己被誤導的知識傳給孩子，於是我們現在才會知道這個荒誕的故事。

10 《火來了》實況轉播

「火」的出現，讓人類的生活有了很大的轉變，人們開始在寒冷的氣候存活，可以吃熟食、待在溫暖的環境中，不僅生活更便利了，能生活的範圍也開始大大擴張。

現代人想要用火十分方便，不過，你知道在原始時代，人類一開始是沒有火可以使用的……

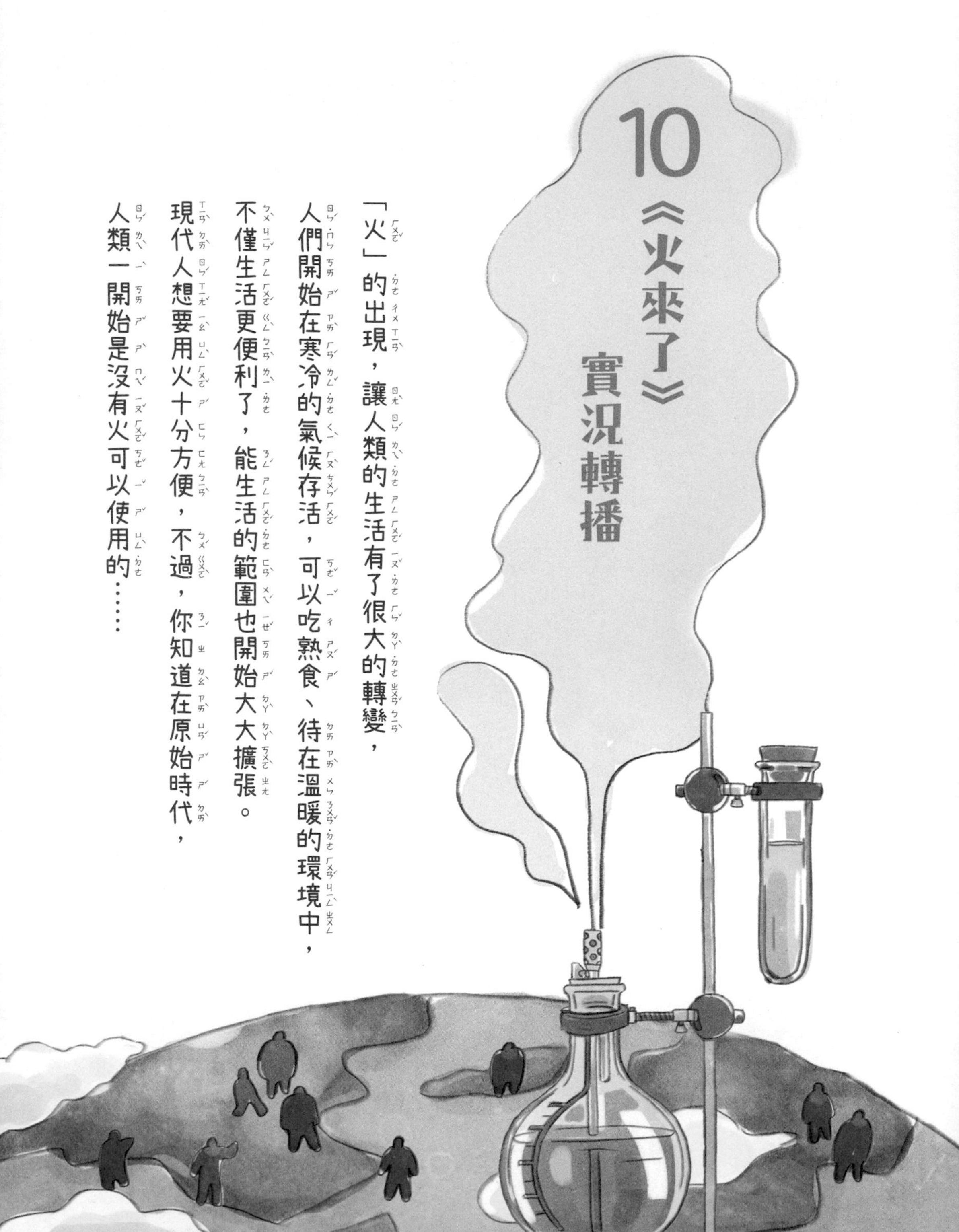

原始時代，人類並不會用火，那時的人類不使用火，要怎麼燒開水、煮泡麵？天氣寒冷時，他們該怎麼辦？而「火」又是怎麼來到人間的呢？

南美電視臺特別派記者搭著時光機，來到南美高山。在南美神話裡，法力無邊的郊狼柯蒂潛伏在山頂，透過攝影鏡頭，畫面即時傳到螢光幕。

畫面上，三個惡靈守護著「火」，她們不肯把火交給人類。郊狼邊潛伏邊說：「是人類拜託我來偷火，我心腸好，經過長途跋涉，這才來到山頂。」

在鏡頭特寫下，觀眾也應該都看見了三個惡靈婆婆，她們二十四小時輪流看守著火種，換班的時候，一個惡靈婆婆會走到山洞前，對著裡面大喊：「姊姊，起來吧！看火去。」

天亮之前氣溫特別冷，輪到的婆婆總是拖拖拉拉不願下床去。

「這是最好的盜火時機。」柯蒂對鏡頭解釋：「可是，她們雖然老了，腳卻還是很靈敏，我得求助森林裡的動物一起來幫忙。」

「大家集合吧。」柯蒂召集森林裡所有的動物，從惡靈山頂直到森林，牠們拉成長長一條線，排得整整齊齊，做好安排後，柯蒂又回到山頂。

記者和攝影師跟著柯蒂來到山頂。太陽快起床了，寒風刺骨，值班的惡靈婆婆走向山洞，喊著：

「姊姊，起來吧！看火去。」

她喊完就躲進山洞了，另一個惡靈婆婆還不肯出來，說時遲那時快，柯蒂飛快跑到火種邊，抓起一塊熊熊燃燒的木頭，還有空朝著鏡頭比個耶，這才飛奔下山。

哇！三個惡靈婆婆發現火被盜走了，立刻衝出來，鏡頭下的婆婆簡直像三團黑色鬼火。

記者急忙穿上滑雪橇，緊跟著報導。

三個老巫婆邊跑邊朝柯蒂扔雪球，柯蒂左衝右突想找出路，一不小心，尾巴被一個巫婆抓住。

「唉呀！」柯蒂的尾巴被燒焦了，牠倒下前大叫：「你們現在應該知道，為什麼郊狼的尾巴尖端總是黑黑了吧？」

柯蒂倒下了，還好，躲在雲杉後面的美洲虎接過火種，向山下跑去；牠跑到幾棵大樹前，又把火種交給狐狸；狐狸交給松鼠，松鼠抓著燃燒的松樹枝，繼續朝森林深處跑去。

風有點大，掉下的火星在松鼠的背上留下一點黑點，尾巴的毛也被火燒彎曲了。

「我們松鼠身上的斑點，還有尾巴向上彎就是這麼來的。」當松鼠把火種交給羚羊後，特別轉頭向觀眾說明。

攝影師追上羚羊的腳步，羚羊是短跑高手，跑得像陣風，牠跑過草原，又把火種交出去。就這樣，火種在動物間輪流傳遞，最後只剩一點點微弱的炭火，小青蛙接下它，先把火種吞進肚子裡，再使出渾身解數……

啊！惡靈婆婆追上牠了，她抓著小青蛙尾巴不放，小青蛙……

小青蛙奮力一跳，除了尾巴，身體其他部分都掙脫了。

「後來的青蛙，就沒有尾巴了。」小青蛙落水前對著鏡頭解釋。

小青蛙在水裡游時，第二個婆婆又追上牠，還好，在婆婆的手抓住牠前，牠用力一吐，火種吐到松樹身上，松樹立刻把火種吞進肚子裡。三個惡靈圍著松樹團團轉，卻不知道如何才能把火從松樹身上拿出來，只好悻悻然回到山頂。

「我知道怎麼拿出火種。」柯蒂在松樹前，親自向大家示範，用兩根乾木條摩擦或鑽洞，直到火花迸發，用火花將乾松脂點燃……

「火就是這麼來到人間的！」柯蒂帶著所有參與的小動物，對著鏡頭一鞠躬：「謝謝觀賞，請為我們鼓鼓掌吧！」

印第安人為什麼崇拜郊狼？

印第安神話裡，郊狼柯蒂被奉為守護神，牠既是好神，卻也常做些壞壞的事，牠被老神王派到人間來守護印第安人，帶給他們安居樂業的生活。

柯蒂除了盜火助人，還發現河狸的五個老婆在河下游修築堤壩。「鮭魚被河壩擋住，上游的人沒魚吃，這不可以！」於是，牠把五隻母河狸變成了蘆葦。現在，鮭魚可以往上游去了，柯蒂教上游的人曬魚乾，用魚叉捕魚，創造了鮭魚節。

剛做了件好事，牠心裡的壞念頭又冒出來了：「如果你們給我一個年輕女孩做太太，我就讓你們不愁吃喝。」

人們不肯讓姑娘嫁給一匹狼，柯蒂生氣了，用大石頭堵住河床，河水無路可去，這裡的人再也吃不到鮭魚了。

牠就這樣一路走，給山山水水取名字，除魔平妖之餘，也不斷製造紛亂，老神王搖搖頭：「你的功勞抵不了犯下的過錯，從此，你將永遠在世間流浪。」

或許老神王的處罰仍在，美洲郊狼直到現在，依然忍飢挨餓，孤獨的狩獵流浪。

11 如果有一天，希臘天神愛上了你……

希臘天神中，最至高無上的眾神之王就是宙斯了。掌管天界的宙斯，當然也就吸引了不少女神的青睞，不過他的太太也不是省油的燈，對於那些宙斯喜歡上的女孩或女神，可是會採取「激烈行動」呢！

親愛的女兒：

女兒啊，要不是剛剛你問我，爸鼻還沒想到，幸好你問了，我就開始擔心了：女兒啊，萬一我們剛才念的希臘神話裡，那個萬神之王的宙斯愛上了你，絕對不是好事。

爸鼻當然不是說宙斯長得醜——其實宙斯是萬人迷，年輕女孩只要見他一眼，立刻會被他迷倒，願意跟著他千山萬水，永不分離。

但是，女兒啊，要小心！宙斯的太太是赫拉，赫拉是全世界，不！是全宇宙最大最大的醋桶子，她愛吃醋最出名。

當然，這個吃醋不是真的吃「醋」啦，爸鼻是說，她最討厭別人愛上她老公。所以，爸鼻很擔心啊，赫拉的手段毒辣，這個毒辣也不是吃涼麵時加的辣，這個辣是說她很厲害。深愛宙斯，絕對不允許宙斯再找女朋友，宙斯只要有女朋友，她就在背後下毒手。

真的真的，別不相信，爸鼻記得希臘神話裡有個伊娥公主，她長得就像你一樣可愛，波浪的金髮，高䠷的身材，宙斯對她一見鍾情，發誓要把她娶回家當新娘。

伊娥很聰明，她的爸鼻也跟我一樣，從她小時候就警告她，千萬千萬別被宙斯愛上，所以伊娥一聽宙斯的告白就跑了，她越跑越快，簡直快要飛起來了，但是，宙斯是萬神之王啊，他召來雲霧，罩住自己和伊娥。

宙斯以為自己很聰明，心想躲在雲裡，太太一定不知道，可是赫拉很厲害，她輕輕吹一口氣，人間立刻颳起一陣風，趕走霧氣，你知道嗎？那雲一散開，美麗的公主已經變成一頭小母牛。

赫拉故意問這是誰家的牛呀，天神宙斯一遇見太太就慌張，什麼話也不敢說，眼睜睜看著小母牛被赫拉抓走。

女兒，你知道嗎？伊娥的下場很悲慘，赫拉把她交給阿耳戈斯看管。

阿耳戈斯是最神奇的巨人，他有一百隻眼睛，睡覺時只要閉上一隻眼睛，其他九十九隻眼睛都像星星一樣閃閃發亮，二十四小時看管，簡直就像二十四小時不關門的便利商店，而且，阿耳戈斯不只看管伊娥，還每天更換牧場，讓宙斯在天上直發愁。

怎麼辦，怎麼辦？

還好，宙斯有個聰明的兒子——荷米斯，宙斯派他去救出伊娥。

荷米斯帶上一根能使人昏睡的荊木棍，再施法變出羊群，喬裝成牧羊人，邊走邊吹著牧笛。荷米斯的牧笛很特別，吹出來的曲子旋律很優美……

女兒啊，那笛聲真好聽，連有一百隻眼睛的阿耳戈斯也被迷住了，他請荷米斯來吹笛，笛聲一吹，第一顆星星升起來時，阿耳戈斯就忍不住了，他打了個長長的呵欠，一百隻眼睛的眼皮都重得不得了。

像你這麼愛聽音樂，如果你聽了，一定就不會睡，但阿耳戈斯不同，他好想睡、好想睡，拚命抵抗瞌睡蟲，但是啊，笛聲是那麼輕柔，阿耳戈斯的眼睛終於全閉上了，沉沉的睡著。荷米斯把握時機，拔出利劍，一劍砍下阿耳戈斯的頭。

伊娥自由了，高興的在草地上來回奔跑。

赫拉生氣了，女兒啊，要記住啊，赫拉的醋意會讓她做出可怕

的事，她變出一隻牛虻，追著伊娥，牠只叮了伊娥一下，伊娥就發出悲慘的長鳴，邁開四蹄狂奔。牛虻持續攻擊她，從世界這頭跑到世界那頭，一直跑，一直跑，跑到了埃及，站在尼羅河邊，伊娥絕望的抬頭……

那個眼神，讓宙斯良心不安，他乖乖去跟赫拉道歉，這才讓赫拉饒了伊娥。

女兒啊，我最親愛的女兒，如果有一天，希臘天神宙斯愛上了你，你一定要趕緊逃開，能跑多遠跑多遠，天后赫拉的醋罈子一旦打翻，她會派毒蛇追殺情敵、把人變成怪物，甚至引發戰爭……

咦，你睡著啦？好，爸鼻不吵你了，希望你的夢裡，有最美的花園、最好玩的秋千，晚安，我的小親親。

愛你的爸鼻

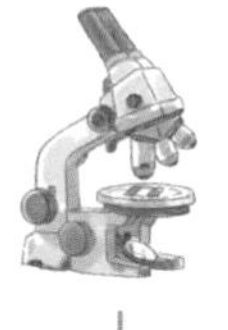

希臘的天神之王宙斯

宙斯是希臘神話中至高無上的天神，他的武器有兩個，一個是由獨眼巨人打造的雷霆，另一個是宙斯之盾。雷霆能震懾眾神，宙斯之盾揮動時可以產生風暴，威力無人可擋。當宙斯手持宙斯之盾時，希臘晴空萬里，如果把它放在空中，立刻電閃雷鳴，風雲突變。

想當年，宙斯的爸爸搶了宙斯爺爺的王位，爺爺臨終時預言：「你以後也會被兒子搶走王位。」宙斯爸爸擔心極了，所以只要太太生了孩子，他就把孩子吞進肚子裡。

宙斯的母親擔心宙斯也被他爸爸當成點心，故意拿塊石頭假裝是宙斯，他爸爸大概太餓了，吞了石頭也沒察覺出來，宙斯因此平安長大，最後從爸爸肚子裡救出兄弟姊妹，帶他們和爸爸展開大決戰。

大戰結果，宙斯勝利，他成了萬神之王。萬神之王有很多情人，幫他生了很多孩子，但他也有煩惱，他的太太愛吃醋，情人全受到她殘忍的懲罰，所以，被宙斯追求好不好？嗯，看看那些女孩的下場，應該不太好吧！

12 諾亞線上直播初體驗

全世界超過一百八十個國家都有大洪水神話，故事中有些人類的祖先是搭乘瓜果變成的船逃難，也有些人類的祖先是爬山前往高處避難。其中最知名的，非諾亞打造的方舟莫屬！今天，諾亞開直播，要來跟大家分享他的旅程……

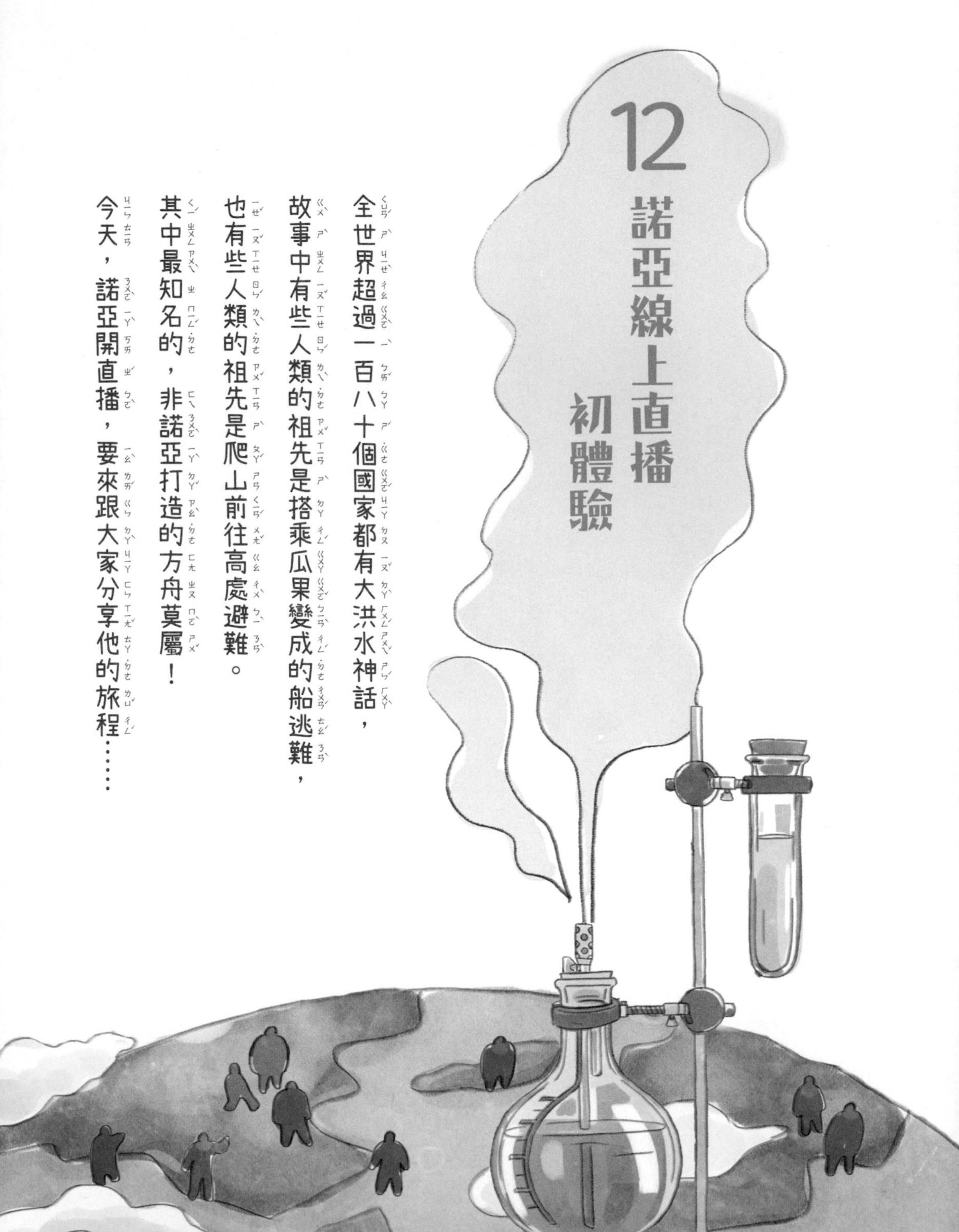

天地悠悠，過客眾多，歡迎各位網友來到諾亞直播間坐坐，這是我第一次開直播，想聽唱歌我沒有，想看我跳舞怕你吐，那我要來做什麼呢？

今天本節目剛上線，邀請大家來看一個六百歲的爺爺，如何親手造了一艘方舟。剛剛說的六百歲的爺爺就是我本人，親愛的網友，你們一定想問，為什麼我要造方舟？

說來說去，都怪那一晚，有個聲音吵得我睡不著，那聲音說：「諾亞，我是上帝，人類實在越來越不像話了，世界被他們搞得亂七八糟，我要降下四十天的大豪雨，但請別擔心，你和家人都會平平安安，我給你一個重要的任務——造一艘大方舟。」

「動物怎麼辦呢？」

上帝說：「每種動物各選一對，把牠們帶上方舟，躲過洪水，等待新世界。」

我爬起來發呆，想了想，這是夢嗎？再想想，唉呀～洪水就要來，沒空多想，趕快造方舟。

鄰居笑我，活了六百歲，還在瞎攪和。

我說洪水就要來了，這是上帝的警告，趕快造條舟，洪水來了才能活，他們卻搖搖頭，沒人動。

我聽從上帝的話，花了很多時間，費了很多功夫，方舟造好了。你們跟我來，我的年紀大，第一次拿手機做直播，大家別被我顫抖的手給晃暈了頭。

來來來，看到了嗎？我的方舟並不是四四方方的，不是，它還是長長的，甲板很大，夠那些愛跑的動物在上頭跑跑跳跳，往下走第一層，是小型動物的家，穿山甲、松鼠、火雞和鴿子，你能想到的、比大象小的動物都住這一層。

往下走，第二層，我最愛這一層，這裡住的都是大型動物，大象、長頸鹿，喔，我想起方舟造好那天，雨還沒下，所有的動物都

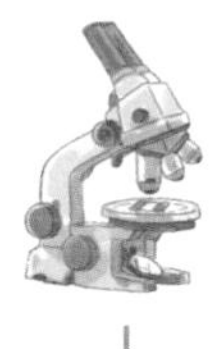

一對對的來了。

神態優雅的長頸鹿、提著公事包的黑熊、戴著安全帽的水獺，還有撐雨傘穿雨鞋的兔子夫婦、背著包包啃著玉米的綠頭鴨……我正要關上艙門，有人叫我等一下，是樹懶，牠動作慢，連逃難也是慢慢慢悠悠。

大家都上來了，雨還沒下。我把艙門關好，裡頭亂成一鍋粥，我的太太和小孩個個都在忙著分配艙房，四周不停傳來呼喚：「諾亞，諾亞，我們應該怎麼辦？」

長頸鹿太太需要一面長鏡子，河馬先生抱怨房間過小，更別提大象夫婦直嚷嚷：「讓我們去住甲板吧！」

那四十天的航程，我們就待在這艘方舟上，看著大雨不停的下，望著汪洋一片的大海，天和地看起來都是同一種顏色。

但是，各位網友你們知道嗎？

長頸鹿夫婦的修養最不得了，總是不慌不忙，隨時隨地都能泡上一壺茶，舒舒服服的坐在甲板上，好像坐在郵輪上，正要往哪個地方去度假。

等等，有網友在留言版上問，大洪水長什麼樣子？

嗯，很可怕，你們別以為我在開玩笑，一開始是晴空萬里的，連一朵雲都沒有，然後動物都開始吵架了，牠們想下船，我正急得焦頭爛額時，一道閃電由空中劈下，然後是幾十道、幾百道閃電，大雨就像爆炸般往地面轟炸，瞬間山洪爆發、海嘯狂襲，幸好，幸好，我們在方舟上，喔，各位網友，我只要一想到那場面，淚水就忍不住泛上眼眶……

沒事沒事，各位網友，謝謝你們給我加油打氣，但是大洪水實在太可怕了，那四十天的洪水漂流太讓我震撼，我想，剩下的故事，留到下次直播說吧，我現在想去休息一下，不好意思。

對了，別忘了幫我動動食指按個讚，也歡迎訂閱我的頻道，順便介紹給所有的親友喔！今天的分享就到這裡，下回等我心情平復，我再來跟大家說說那四十天漂流的故事，感恩上帝，謝謝大家。

大洪水神話

在全世界二百五十四個主要民族，八十四種語言區裡，都發現有關大洪水的神話。

中國有大禹治水的傳說，為了治水，大禹三過家門而不入。

印度傳說，僧人摩奴救了一條小魚，小魚告訴他，洪水即將毀滅一切生物，要摩奴做好準備。巴比倫人的神話說，貝爾神惱怒世人，決定發洪水毀滅人類。伊阿神有善心，他吩咐住河口的老人選好一艘船，備下所有的東西……

美洲一百三十多個印第安民族，幾乎都有大洪水的神話，連在大洋洲的玻里尼西亞群島那裡，也流傳大洪水的傳說。

如果你有興趣，上網搜查各民族的洪水神話，你將會發現，發生大洪水的共同原因是：人類道德敗壞，失去了善良本性，所以神降大洪水來消滅人類，只有少數善良的人才得以存活。

然而，這些故事的創作背景，都在人類文明落後，交通不便，無法通訊的史前時代，如果不是各地都曾發生這樣的事，又怎麼解釋人類祖先們共同留下來的集體記憶呢？

13 一個傳一個的債務

很久以前，只有天神才擁有智慧。

在非洲的土地上，有個蜘蛛人安納生，

因緣際會下得到了智慧，卻常用來捉弄、欺騙非洲土地上的人類。

安納生的故事讓我們明白，無論何時，智慧都和力氣一樣重要！

就讓我們一起來看安納生是怎麼「聰明反被聰明誤」的吧！

什麼是世界上最難還的債？

是錢嗎？

是時間嗎？

還是場地？

總之，有借有還，再借不難。

然而，獵人索卡卻愁眉苦臉的，因為他欠了人家一筆債，還不起，所以想搬到陌生地。

然而，陌生地的人家攔著他：「索卡，我們這裡都是清白人家，你得把舊債還清了，才能搬進來。」

「可是，我借來的香蕉都吃光了，吃光的香蕉怎麼還？」

索卡不知道怎麼還債，只好住在村外，本來以打獵維生，現在改釀棕櫚酒。

正在看書的你也幫忙想想吧——怎麼還這筆債？

棕櫚酒很香，蜘蛛人安納生聞到那味道，他把口水吞進去，走過去提議：「索卡，別煩惱，誰喝了你的棕櫚酒，誰就得替你還債。」

變成釀酒人的索卡拍著手：「這真是個好方法，我宣布，誰喝了我釀的酒，誰就得替我還清那筆債。」

「我來，我來。」安納生迫不及待：「我要喝你的棕櫚酒。」

「拿去吧，別忘了喔，你喝了我釀的酒，那筆債……」

安納生拍著胸脯答應，扛著酒回家，把它喝光了。當然當然，原本是索卡欠的債，現在變成安納生所欠的債了。

安納生在田裡種玉米，他大聲的說：「誰吃了我種的玉米，誰就得替我還債。」

「還債？」

「我們還是別去採。」村人們相互警告。

鳥來了，大部分的鳥聽不懂安納生說話，牠們吃得很開心。

安納生對每隻鳥喊：「你吃了我的玉米，你得替我去還債。」

有隻鳥聽得懂他的話，莫名其妙多了一筆債，翅膀變沉重了。

回到鳥窩，那隻鳥生了幾顆蛋，牠宣布：「誰要是打破我的蛋，就得替我還債。」

鳥飛出去找食物時，颳來一陣大風，吹斷樹枝，鳥窩翻落到地上，蛋全破了。那隻鳥回來時，指著樹說：「這下子我的債還清了，樹，這筆債輪到你負責了。」

「我？」樹心想：「應該是風負責才對吧？至少至少，也要分擔一點責任啊。」

那陣風，早早就不見「風」影了。

樹本來就木訥，話既然說不明白，那就自己承擔責任。

沒多久，樹開花了，這棵欠了債的樹開出來的花又香又甜，樹說：「來吧，來吧，誰吃了我的花粉或花蜜，誰就得替我還債。」

花又香又甜，風來了，蝴蝶來了，蜜蜂也來了。

蜜蜂挺負責任的，牠把花蜜做成了蜂蜜：「吃吧，吃吧，誰吃了我的蜜，誰就得替我還債。」

來吃蜂蜜的是大黑熊，牠把蜂蜜吃光了，舔舔嘴巴：「沒問題，

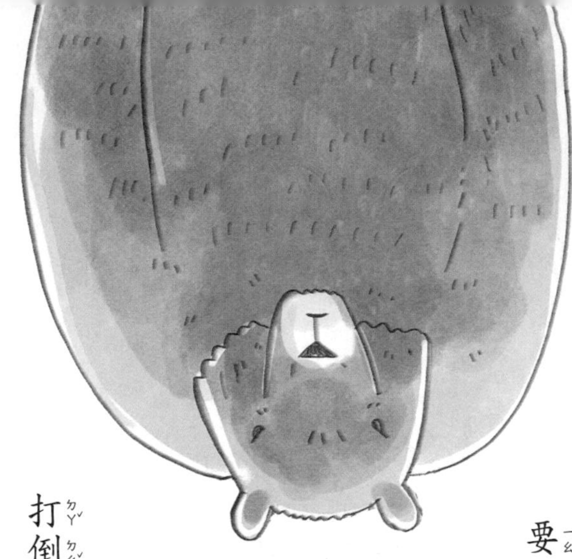

要債的人得把我打倒，吃了我的肉就得替我還債！」

大黑熊那麼壯，誰敢吃牠呀？

咦！就是那麼巧！大黑熊剛說完，不再釀酒的獵人索卡剛好走進森林，他看見黑熊，打倒了牠。

黑熊臨終前望著索卡，說：「哎呀，索卡，我認識你，你得替我還債。」

索卡聽了這話，差一點昏倒：「我……我又欠債啦？」

這下怎麼辦？索卡把大黑熊背回陌生地，把熊肉分給了每一個村民吃。

就這樣，陌生地的每一個人，現在也都欠了債。

大家討論了好幾個日出到日落，又討論了好幾個月缺又月圓，終於得到了結論：「一開始答應還債的是蜘蛛人安納生，所以這整件事是他要負責，至於要怎麼負責，就交給充滿智慧的他去想辦法。」

讀到這裡，你能不能幫安納生想想辦法，到底他應該怎麼還這筆債？

非洲的蜘蛛人

蜘蛛人安納生的故事來自非洲，傳說他住在通天樹上，離天空之神很近。那時候的人類還沒有文明，世界上所有的故事都在天神的盒子裡，神高興就會將幾個故事拋到空中，透過風將故事散開來，耳朵靈的人就有機會聽見。安納生時常去找神，並靠著靈活又狡詐的頭腦，完成天空之神的四個任務，因而獲取了天上的智慧。

有了這麼多智慧，安納生就把智慧用絲線一一包好，穩穩妥妥的放在自己的蜘蛛網上，並且繼續在地面上收集智慧。

安納生擅長利用別人的貪念反過來擊敗對方，最後得到自己想要的東西。比他大的動物或人都被他騙過，當然，他的騙術也不是每次都成功，像是海龜就曾經反過來捉弄他。

最後，安納生收集了夠多的智慧，他把它們全都丟下樹，放下守護智慧的重擔，而被丟下地的智慧，也成了人類文明的起源。

對了，安納生還能變身，有許多人把他當成電影蜘蛛人的原型，大家雖然說他是騙子之神，這個稱呼在現代人眼裡是個貶義詞，但是在非洲人心裡，他就像是羅賓漢一樣的民間英雄，象徵機靈與聰慧呢！

14 好鼻師日記

你知道螞蟻這種動物是怎麼來的嗎？

在中國神話中，牠不是由天神創造的，

而是經過了一連串的事件，由某一個人變成的。

這究竟是怎麼一回事呢？

姓名：紅鼻子（註：撿到這本日記的人，請還給南郵六街的紅鼻子）

2月6日

我太太阿霞要我到彰化城裡學賺錢的本事。想賺錢要先懂花錢，城裡有太多值得花錢的東西了！

糖葫蘆：東城老李比西門小張賣的好吃。

蜜餞：每一家都太甜。

甜酒：彰化城裡到處都有在賣，有用糯米釀的，也有用小米來做酒的，我一家家試……

2月7日

昨天差點被嚇死了！一頭豬三更半夜衝過我身邊，嚇得我差點掉進糞坑，雖然我喝醉了，但還是沒被牠撞倒——那隻笨豬自己掉進糞坑，哈哈哈哈！

中午回到家，從窗戶看見我太太阿霞在煮飯，她在煎魚、炒地瓜葉、燉蓮藕排骨湯。進去後她問我學了什麼本事回來，我騙她學了「聞」的功夫，她要我聞聞今天煮了什麼菜，哈哈哈，我一說，她就信了，還多炸了一盤豆腐加菜。

2月8日

村長家的豬不見了，大家都找不到，我太太阿霞跟村長推薦：「紅鼻仔找得到，他聞的本事不得了，是去城裡拜師學藝的。」

我假裝到處聞時，突然想起來前兩天那頭豬，難道是……

哈！猜對了！他們把豬從糞坑拉出來，村長送我一兩銀做謝禮。

2月9日

一大早，我家被拍的砰砰響。

大姑婆家的紀才不見了，聽說我能找豬，問我能不能把紀才找

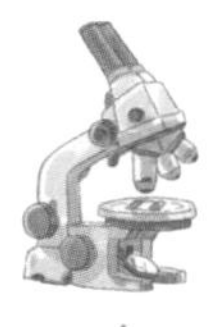

回來。紀才前幾天和我一起去賭博啊，他一定還在賭場……

後來，大姑婆送我十文錢，謝謝我「聞」到他們家紀才。「聞」，真是一門好生意。

2月11日

今日財星高照！

李地主家那件做壽的長袍我找到的，他是有錢人，送我的賞金有二十兩。真大方。

我怎麼找到的？嘿嘿，佣人拿出來洗，洗完拿去晾，我先把它拿去藏。

哈哈，「聞一聞」就有二十兩。

2月15日

今日大喜呀！

宮裡派大臣來宣旨，要我進京去幫皇帝找印章。

皇帝派來的轎子真舒服，等我有錢了，我也要弄一頂。

今天住的客棧真舒服，等我有錢了，我也要開一間。

3月25日

唉呀！今天可倒大楣了！

皇帝坐在高高的椅子上，要我聞出金印在哪裡：

「聞出來，賞你金銀財寶；聞不出來，你自己看著辦。」

把金印「聞」出來？這怎麼可能呢？哇，我一想就睡不著，怎麼辦？怎麼辦？

3月26日

一大早，左丞相和右丞相帶我在皇宮裡東聞西聞。

「唉，找不到，左是死，右也是死，橫豎都是死。」我邊說邊嘆氣，沒想到兩個丞相竟然嚇得冷汗直流，跪在我面前。

原來左丞相叫張橫，右丞相叫王直，他們把金印藏在御花園的樹下。他們以為被我聞出這件事，求我別說出去，他們會帶我找出金印。

金印找回來，皇上決定封我當大官，但我沒讀多少書怎麼當大官？不然這樣子好了——

「皇宮點心那麼多，每樣都讓我吃一次！」

3月29日

連吃三天皇宮點心。

芝麻球裡的芝麻濃郁、拔絲地瓜應該切小一點、芋頭酥最香酥可口。皇宮的點心都吃過一輪了，要是能上天庭，我就心滿意足了。

5月1日

今天，喜事連連。

內閣大學士告訴皇上，上天不難，用蝦鬚黏成一道天梯就能去。

於是皇帝下旨，全國漁民捕蝦、剪蝦鬚送進宮。

7月6日

不錯！不錯！

今天有無數蝦鬚送進宮，大宮女、小宮女全都來幫忙，沾一下麥芽糖，把它們一根根的黏起來。黏好的蝦鬚被夏天的風一吹，它們竟然冉冉的往天上升去。

7月7日

我要去天上吃點心了，日記就先寫到這裡，等一下皇帝和大臣們會來送行。哇，一想到天上的美食……

後記：

我是王小薇，昨天在小公園的沙坑玩時，竟然挖到這本日記。

一開始我以為有人惡作劇，但仔細問過小公園裡的大大小小，沒人承認，我再從頭細讀這本日記，突然想起來，這不是……這不是那個故事嗎？

有個懶惰的人，用騙術騙進皇宮，最後還一心想要去天上吃美食，結果爬到半空中，掉下來，跌成一隻隻愛吃甜食的小昆蟲……

另外，夏天天天氣很炎熱，麥芽糖會融化，他爬錯季節了啦！如果他是冬天往上爬，應該比較安全，可見他一定小時候上自然課不專心，才會選錯季節。

好鼻師和小螞蟻

讀完這些日記內容後，你有猜出日記的主人是誰嗎？

這個日記的主人被稱為「好鼻師」，他是個愛吃甜食的懶漢，因為鼻子又紅又大，什麼好吃的食物他一聞就知道，因此被稱為好鼻師。

好鼻師的太太擔心他坐吃山空，給他錢讓他做生意，他卻什麼也不做，錢全拿去買了甜食，祭他的五臟廟。從日記中不難發現，好鼻師的「好鼻子」究竟是怎麼來的——因為陰錯陽差看見村長的豬掉進糞坑裡，還假裝聞一聞，帶著村民來到糞坑，找到村長的豬。

這下，不得了，大家都以為他有聞味道的本事，好鼻師更決定用這招行騙天下。

他越騙越厲害，最後還得到皇帝的召見，請他進宮做大臣吃甜食。

一般人應該這樣就很滿足了，但好鼻師的胃口卻越來越大，他竟夢想上天堂吃美食，最後的結果就是天堂夢醒，他跌下來，變成了一隻隻愛吃甜甜滋味的小螞蟻，這就是中國神話中「螞蟻」的由來。

太陽

創意實驗篇

潛入天神實驗室大作戰

15 神也不知道的浪漫愛情故事

太陽和月亮是夫妻，
他們住在非洲大地上，
而在世界另一邊，

很遠很遠的地方住著
水和他的朋友們。
太陽常拜訪水，
但水從沒來
看過太陽的家。
跟我住在一起的水生朋友多，你家太小，我住不下。
說的什麼話呢？你來吧！

水要來了，我得準備個地方讓他落腳。
太陽闢出好大一塊地，村莊的四面八方都超越地平線。
這夠大了吧？
十個水也住得下了。
他們寫了邀請卡給水，邀請他來做客。

水來了，流過平原、穿過森林，繞過山丘，水在太陽和月亮的腳邊轉著。
我到了，也見到你美麗的妻子月亮，感謝你們建了這麼大的地方。
可是我們還沒全到……
你們有足夠的地方讓我們住嗎？
當然。
沒問題。

你們還有地方讓我們住嗎？
來吧，朋友，我們村子夠住的。
應該住不下……

我們從前的家……
我早就說住不下……

月亮和太陽在天空重建家園，生了好多好多的孩子——星星。
偶爾，月亮會想念大地。
我早告訴你，水會漫過我們村子。

日復一日，月亮說了又說，太陽聽了又聽。他們爭吵的火花，掉到地面，變成隆隆作響的火山。

有一天，月亮吵累了，趁太陽睡著，帶著孩子們逃到很遠很遠的地方。
太陽睡醒，發出最耀眼的光芒照亮整片天空，想找尋家人。
到了晚上，他什麼也沒找著，筋疲力盡，光芒漸漸黯淡，他得休息了。

月亮看他睡了，才從隱藏的地方現身，和孩子們在天空中快樂的嬉戲。那個跑，這個追，日復一日。

我們的太陽與月亮神話

這個神話故事裡，展現了非洲人幽默的一面，太陽和月亮是夫妻，而水是客人，因為不想和丈夫天天吵架，所以月亮帶著星星孩子們，躲進黑漆漆的天空裡。

讀起來很有人情味，自古以來，太陽、月亮是人類肉眼所見最大的星體，為他們編造的神話故事也最多。

遠的不說，中國神話裡，太陽一共有十個兄弟，他們本來應該輪流出來值日，卻因為一時貪玩，十顆太陽同時跑出來，造成人間大悲劇，這就逼得英雄登場——神射手后羿帶著箭，射下八顆太陽，被射傷的第九顆太陽成了月亮。

后羿立下大功成了國王，這國王卻成天享樂，還想長生不老，跑去向西王母娘娘要了兩顆仙丹，準備和皇后一起吃了之後，繼續制霸天下萬萬年。

美麗的皇后嫦娥擔心人們繼續受災殃，她半夜偷偷把兩顆仙丹全吃了，這下可好了，她變得比氣球還要輕，一飛飛到了月亮上，成了第一位登陸月球的人。

還好，她在月球也不寂寞，還有玉兔和吳剛陪著她呢。

16 夢幻神藥 長生不老甘露來啦！

你聽過嫦娥偷取長生不老藥，最後卻獨自飄往月亮生活。在印度神話中也有一群天神通力合作，想製作長生不老甘露，究竟這些數量眾多的天神是怎麼做出神藥的呢？祂們又為什麼要製作長生不老藥呢？

甘露牌長生不老藥，隆重上市，一喝見效。

老年人喝甘露牌長生不老藥，返老還童不是夢；先生、小姐喝甘露牌長生不老藥，青春永駐非難事；少年、少女來喝甘露牌長生不老藥，連讀二十四小時的書也不累。

甘露牌長生不老藥，來自神祕的古國印度，依據印度教千古傳說古法製作。先讓我們來介紹古老傳說中，長生不老藥的由來及驚心動魄的製作過程：

這藥是由印度教三大主神：梵天、濕婆和毗濕奴通力合作製

成，本公司本著真誠對待顧客，用最大的誠意販售商品的原則，今天製法大公開，想買的快買起來！

首先，毗濕奴大顯神通，化為靈龜，馱著須彌山做支柱，然後，七頭巨蛇纏繞須彌山，接著，東方神祕的力量來了，要請來八十八位善神與九十二位惡神阿修羅合作拔河。

九十二位惡神阿修羅拉蛇頭，八十八位善神扯蛇尾，善惡不斷拉扯，人間的正邪取得平衡，須彌山不停的轉動，攪動大海一千年，一千年間，神

仙、惡魔丟下無數珍貴藥草，海水蒸騰迴旋。

經過千年翻攪，乳海枯竭，巨蛇受不了拉扯的劇痛，嘴裡噴出大量毒液，毒液濺到地上變成了江河，流入大海，毒害眾生。親愛的顧客，大家聽到這裡別擔心，眾神本著善良愛民的心，他們向濕婆請求，拜託他吞下毒液來保護大家。

慈悲的濕婆不忍大家受苦，他把毒汁吞進去，毒性劇烈的汁液流過濕婆的咽喉，濕婆的脖子被燒成青黑色，各位朋友啊，後來濕婆被印度人稱為「青頸」，

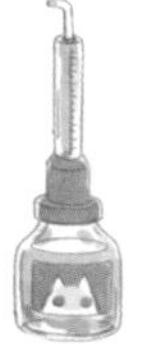

這個祕辛您現在知道了吧？

須彌山繼續轉動，經過千年，海水成了乳海，由乳海中生出十四種精華，包括各種仙女、各種神馬、神象……

以及最後的長生不老藥。

這瓶長生不老藥是不是「精貴無比」？比媽媽們用的精華露更要精粹千萬倍？

這種長生不老藥，連神仙也想要，動作快的惡神阿修羅們一把搶走甘露，毗濕奴擔心阿修羅喝了甘露會不利諸善神，於是將乳海濺起的浪花變成美麗的飛天仙女，飛天仙女有著曼妙的姿態、漂亮的服飾裝扮，惡神阿修羅全被仙女吸引過去，只剩下一個阿修羅還算清醒，他化成善神，排在善神的隊伍裡，也喝了一口甘露，但是才吞到喉嚨，還沒下到肚子呢，天上的日神及月神看出他是冒牌貨，把消息告訴了毗濕奴，毗濕奴趕緊砍下他的頭。

這個阿修羅的身體死了，但是他的頭已經喝到甘露，所以「頭」從此就長生不老了，而且他很氣很氣日神和月神，從此就一直追著

他們，追到時就把他們吞進口中。各位別擔心，阿修羅只有頭啊，被他吞下的太陽、月亮馬上就會跑出來，而吞下的瞬間就變成今天的日食和月食。

這麼好的長生不老藥，您看，阿修羅只喝一口，頭就能長生不老，各位親愛的朋友，本公司為了答謝各位能把這篇廣告讀到這裡，特別將珍藏數千萬年的甘露與大家分享結緣。每瓶甘露牌長生不老藥，裝有珍貴的1cc，您只要連喝七七四十九天，包準您長生不老與天地同壽。

為了慶賀甘露牌長生不老藥上市，本公司還準備了兩大贈品：

一、訂購一瓶長生不老藥，加贈青頸濕婆的海報一張。把濕婆神像貼在家裡，保證您脖子健美不烏青。

二、前一千位訂購的朋友，特別贈送日食、月食萬年曆一份，讓您對未來一千年日食與月食的時刻做好準備，好好觀賞阿修羅怎麼吞掉太陽和月亮。

甘露牌長生不老藥，一瓶只賣一億新臺幣，錯過了就不再有，歡迎舊雨新知，早買早長壽。

同患難無法共歡樂的天神們……

如果你常看動漫或打電玩，一定對「阿修羅」這名字不陌生，名字叫做阿修羅的，通常都是有強大力量又帶點邪惡氣質的角色，男的阿修羅長得醜，女的阿修羅卻嬌豔如花，他們與天神不斷爭戰，神話中很多英雄故事就圍繞在雙方的爭鬥中。

那麼，「阿修羅」從哪兒來的呢？

追根究柢就來自印度神話。

印度神話裡，最高的天神叫梵天，其餘的天神和阿修羅都是梵天的孩子，他們原本和睦相處，那是什麼事使他們打得永無止境呢？

原來，印度神話裡，天神雖然壽命比人類長得多，但並不是長生不老。為了永保青春，天神就跟阿修羅商量，一起攪動乳海，以獲取長生不老的甘露，成功後一起享用。

只是同患難容易，同享樂難，當甘露一完成，眾神卻開始搶奪，誰也不讓誰，引發善惡大戰。從此，天神和阿修羅為了甘露，展開了不斷的爭鬥。

17 一起來開箱：國王英雄吉爾伽美什

如果每一個英雄都可以被做成玩具，並自己說故事給你聽，你最想要哪一個英雄玩具呢？

一個男孩收到了一份禮物——會說話的國王英雄公仔玩具，就讓我們一起來看看這個玩具的開箱文吧。

太好了，太好了，媽媽送的生日禮物來了。

你們知道是什麼嗎？呵呵，我還沒拆開，應該沒人猜得出來，但是你們可以先看我前幾天在社群上傳的照片，這麼厚的亮黃包裝紙，看起來閃閃發光很霸氣，是不是有王室的高貴感？

來，繼續跟著我開箱。小心拆掉包裝紙，哇，你們看到了嗎？裡頭的紙盒是三角形狀的，那是為了配合烏魯克王國的金字塔造型皇宮，哇！皇宮每一層都雕刻著美麗的圖案，不同的神獸鎮守在皇宮四周，有大象、雄獅和獵豹，而那位豎立在成群的士兵之前，露出驕傲表情的國王，就是我的最愛——吉爾伽美什。

你們看！盒子拉開的方式，就像在打開皇宮的大門。來，我慢慢的把它拉開，看到了嗎？我拍得很清楚吧！吉爾伽美什國王的公仔躺在盒子裡，彷彿正等著我把它請出來。

「國王駕到，來來來，大家先喊國王好！」我先來個國王帥氣四連拍，左拍拍，右拍拍，遠拍拍完還要近拍拍，帥不帥？

吉爾伽美什國王統治的國家叫做烏魯克王國，早在五千年前就

發明文字了，厲不厲害？那時沒有紙，他們直接把字刻在泥板上。你看到了嗎？國王的王座就是泥板做的，上頭還真的刻了字：

吉爾伽美什國王是最早的人間英雄、最不凡的國王，統治烏魯克城長達九百年。吉爾伽美什用心治理國家，除掉森林怪獸洪巴巴，偉大的事蹟刻在王座下，被世人永遠傳唱。

玩遊戲的時候，我喜歡當吉爾伽美什國王，這個公仔比遊戲裡的樣子更精緻，長長的鬍子增加威嚴，手上還抱著一隻小獅子，只要拍拍小獅子的頭，隱藏式喇叭就會傳出聲音：

「我是吉爾伽美什，三分之二是神，三分之一是人。我有神的力量，有神的智慧，擁有諸神技藝。我是最古、最強、君臨整個世界的英雄王。」

我總覺得內建這三句話有點少，我建議公仔公司，應該設計讓小朋友能自己錄音，然後從吉爾伽美什的嘴巴說出來。

如果是我，我就會說：

「吉爾伽美什，愛吃美奶滋。吉爾伽美什，從來不拉屎。」

哈哈哈，越想越……，對不起，我好像扯得太遠了，還是繼續開箱好了。

王座的底下有個小開關，按下去有個小門打開，咦？裡面藏了一隻小怪獸，腳上標記著：洪巴巴。

啊～這是吉爾伽美什打倒的怪獸嘛，我來拍得更仔細些，你們看到了嗎？它有野牛的角、老鷹的爪子、毒蛇的尾巴，乍看很可怕，玩具公司又藏了個驚喜，按下開關，怪獸身體出現七種色光不停變換。遊戲裡洪巴巴有七個身體，我想，這些色光應該是代表那

七個打不死的身軀。

說也奇怪，燈光變為白光時，洪巴巴突然大叫一聲，我嚇一跳，我媽媽也嚇一跳，還從廚房衝過來，以為我發生什麼事。

「媽咪，不好意思，沒事沒事，只是洪巴巴在亂叫。」

媽媽拍拍胸口，又回廚房烤我的生日蛋糕。

好，最後的彩蛋來了，如果你把盒蓋翻過來，向上一摺，本來印在紙盒上的烏魯克皇宮就變成立體的了，把吉爾伽美什放在城裡，就像在守護家鄉。

底盒是森林，插上盒裡附的紙質樹林，就是吉爾伽美什與洪巴巴決鬥的地方，我把兩個盒子相對擺著，決鬥要開始了。我先讓洪巴巴大吼幾聲，哈哈，怪獸來了。再按吉爾伽美什說：「我是最古、最強、君臨整個世界的英雄王。」

包裝盒邊有個QRCODE，用手機掃瞄它，就可以連到官網，輸入盒上的序號，登錄成會員，就能用會員價買吉爾伽美什的好朋友恩奇都。有恩奇都聯手，必能戰勝洪巴巴。

恩奇都，等等我，等我存夠錢，讓你和好朋友吉爾伽美什團圓，那時，我再來寫一篇開箱文，希望大家喜歡喔！

被記載在石板上的國王傳說

世界上最古老的楔形文字，出現在中東地區，距離今天大概五、六千年前，那時的蘇美人把字刻寫在石頭和泥板上，而就在這些泥板裡，出現一部人類最古老的史詩——《吉爾伽美什史詩》。

這故事裡，歌頌的是一位年輕的國王吉爾伽美什。據說他的父親是人，母親是女神，所以吉爾伽美什身上「三分之二是神，三分之一是人」，具有神的力量與速度。

吉爾伽美什擔任國王後，卻整天只想著自己享樂，要求百姓幫他蓋城堡、修神廟，害得民不聊生，人民憤恨不已。

女神阿魯魯為了幫助他成長，用泥土造了一個和他一樣強壯、勇敢的英雄恩奇都，不打不相識的兩人，從此成為好伙伴，他們相約歷險，殺死怪獸洪巴巴。任務完成後，恩奇都卻死了，因此吉爾伽美什的新任務就是尋找長生不老藥，他歷經重重的考驗，雖然最後仍沒有成功找到長生不老藥，卻也在這些經歷裡，漸漸變成了史詩裡無畏的勇敢君王。

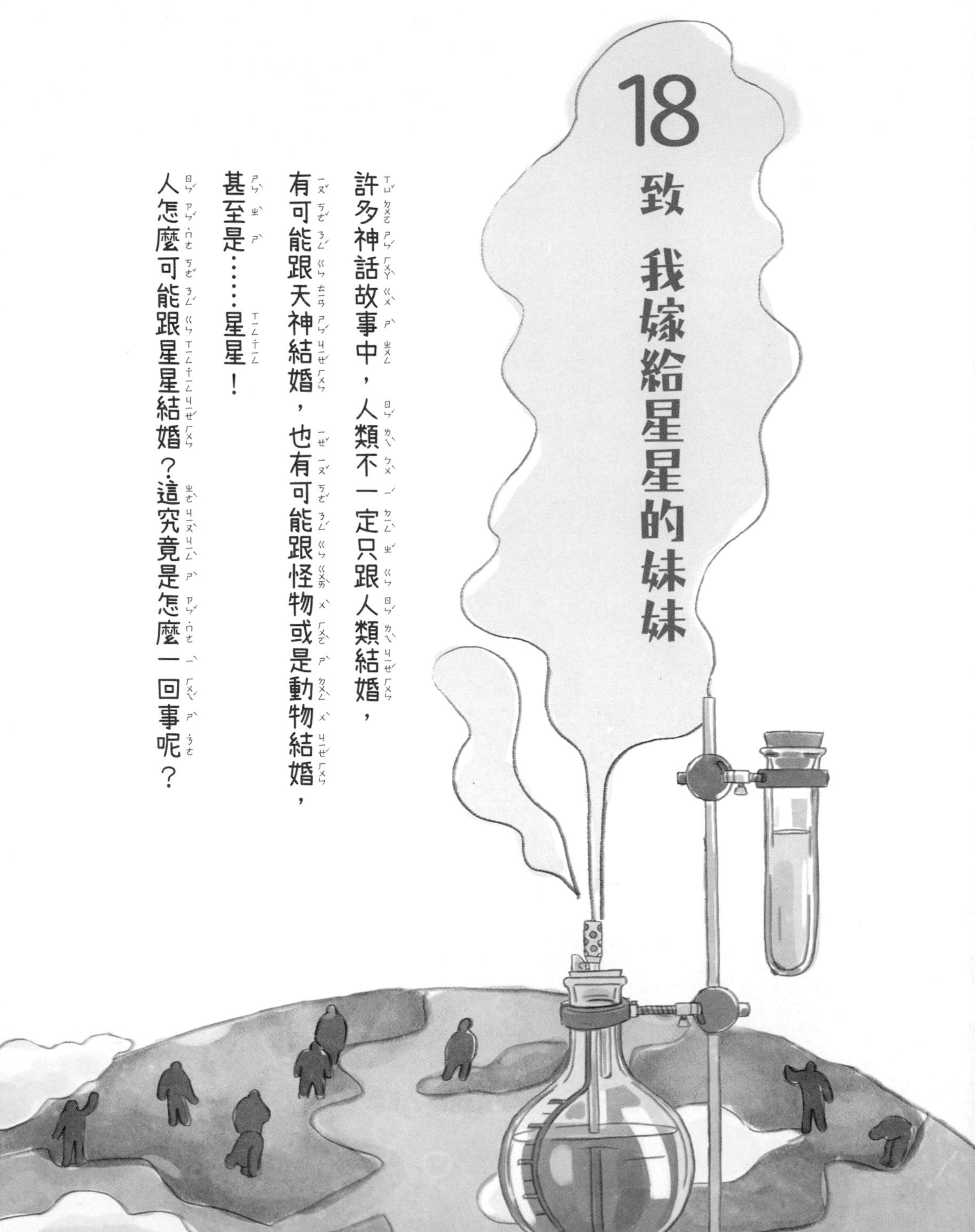

18 致 我嫁給星星的妹妹

許多神話故事中，人類不一定只跟人類結婚，有可能跟天神結婚，也有可能跟怪物或是動物結婚，甚至是……星星！

人怎麼可能跟星星結婚？這究竟是怎麼一回事呢？

傑娜妹妹，你在金星好嗎？

今天的地球，有點熱風，月光很亮，老鸛草全開花了，你懷念這裡嗎？

我知道，你一定過得好，我不能一直羨慕你，如果要怨，我也只會怨你的老公，那個愛開玩笑的塔西那岡。

我還記得我們住在一起的情形，森林裡只有我們一戶人家，我們姊妹經常仰望星空，你還記得嗎？那一晚我看著金星許下願望：「金星真好看，如果他能來娶我，無論白天和夜晚，我都會和他永遠廝守在一起，永遠也不分離！」

妹妹，你還記得嗎？那時你要我別做夢，你說金星離咱們那麼遙遠，誰也不可能把他據為己有！

「誰知道呢，說不定他已經聽到我的話，很可能下凡來看我呢！」我還記得說完這些話，你笑我是傻瓜，但妹妹啊，那時我是相信的。

果然沒錯，那天晚上我睡著時，他竟然來到我床邊。他，就是金星塔西那岡，他說要娶我當妻子，我們的父親點起火把，火光照亮他的臉——塔西那岡竟然是個滿頭白髮、皮膚皺巴巴的醜老頭。

親愛的妹妹，我當然不願意嫁給他，我那時想：誰會嫁給這樣的糟老頭，我要嫁的丈夫，必須是我們印第安的勇士，年輕力壯，身材健美。

塔西那罔哭了，哭得老淚縱橫。那時，我真有一點點的動搖，想到他是天上的金星，想到他……

我正想安慰他，你卻站了出來，你說你願意嫁他，火把映紅你的臉，你那看起來善良天真的臉，妹妹，當你這麼說時，我呢？

我被你給推向了無情無義的那一邊。

其實我只是個追求幸福的平凡女孩，卻在那一天，成了無情無

義的女人。而你犧牲自己，卻變成印第安人永遠歌頌的善良姑娘。

後來，你和塔西那岡搬到森林住，塔西那岡跳到溪流，我們都看到，他向著溪流嘀咕嘀咕，水中就漂來各種穀物的種子，你們後來播下那些種子，我們現在才有玉米和木薯。

一切都像魔法，當塔西那岡從溪裡走上來，他的頭髮變黑了，皮膚變緊了，他變成一個名副其實的美男子，全印第安最俊美的男人也比不上他的魁梧。

這一切的一切，不是都該怪塔西那岡嗎？

他為什麼要變成老頭，跟我開了這個玩笑？

他為什麼不跟大家說，他其實有魔法啊，只要跳進水裡，就可以變得年輕健美？

如果他一開始就是個美男子，你說我嫁不嫁他？

那天晚上，你們手牽著手走進家門，那天晚上，你向大家介紹塔西那岡，大家每讚美一句，就像在我心裡刻下一刀。

「他本來應該是我的丈夫，我只遲了一點點就要開口了。」我緊緊抓著衣服，退到了門邊，你們越幸福，我就越難過。

我退到了火邊，想到以後你們將永遠在一起，而我將永遠自己一個人……

妹妹，身在幸福中的妹妹，你曾從你丈夫的懷裡，抬起頭來看我一眼嗎？

你沒有，你沒有！

你只是陶醉在你的幸福裡，沒看向我一眼。

我後悔，我痛苦，我懊惱，我……一陣暈眩，等我醒來，就變成了一隻夜鶯。

妹妹，後來你們回到金星去，而我只能在這裡繼續悲鳴。

信寫到這兒，我該去覓食了，大樹下有隻小老鼠，那是我今天的晚餐，有時想想當隻夜鶯其實也不錯，至少我不必再去種玉米。

等你回信，別忘了，寄到鹿角溪畔第六棵大紅杉。

謹祝

安好

你可憐寂寞的姊姊敬上

一個著迷金星的民族

這個故事的主角是金星，特別吧？一般神話很少出現或用金星，馬雅人卻信仰金星。

埃及人崇拜太陽，中國人喜歡月亮，用它們計算曆法編織神話，馬雅人與眾不同，他們崇拜金星，依照金星運行來計算年月日。

為什麼馬雅人對天文的觀察特別有研究，而對金星又這麼著迷呢？

有人說，馬雅人來自金星，所以才會特別注意它。

真的是這樣嗎？

馬雅人已經消失，目前的一切，只能從他們留下的建築和碑文去推測出：馬雅人把一年分成十三個月，每個月二十天，一年等於二百六十天。而且，四千多年前的他們，推測出地球到金星往復周期是五百八十四天，現代人用科學儀器量出來是 583.92 天，這正是地球繞金星一周的時間，誤差不到十三秒。

馬雅人還相信，金星的活動周期與戰爭、疾病，以及人的身體健康有關，所以用它來占卜戰爭及確定重大節日。

這個民族對金星研究著迷的程度，是不是很有趣呢？

19 到底是誰射下了太陽？

臺灣的原住民傳說中，有許多與太陽、月亮有關的故事，其中「射日」的故事更是許多原住民族傳說都曾出現過的。

雖然都是把太陽射下來的故事，不過他們射日的原因和過程卻不太一樣呢！

大武山烏瑪來報案，說她聽到遠處傳來「啊」的一聲——有顆太陽被人射中了。

一群人來自首，個個都說太陽是他們射的。

警局做的筆錄如下：

第一個自首者——

泰雅族的多奧。

天上兩顆太陽，把我家那個檳榔晒得死光光。

我們泰雅族派三個勇士去射那個太陽，我爸爸也是其中之一。太陽住得遠，勇士們背著自己的孩子，邊走邊種小米。走了很多年，勇士老了，但是我和另外兩個娃娃長大了，也變成泰雅的那個勇士，我們繼續走了很久很久，走到太陽的家。

我們射了一箭又一箭，最後射中那個太陽，太陽的鮮血是滾燙的，一名勇士被太陽滾燙的鮮血淋下，失去性命，變成守護我們的祖靈，那顆受傷的太陽變成月亮，濺在天上的血成了星星。

我們完成任務，跟著沿路的小米回到部落。太陽，當然是我射中的。

第二個自首者——鄒族的奈巴拉牟吉。

我姆媽說，有一天，她去河邊撈魚，漂流木纏上網子，姆媽只好帶著漂流木回家。她到家，漂流木卻消失了，她卻懷孕了，部落的人都說我是漂流木投胎的。

我有死神手指，用手指指鳥，鳥從天上掉下來，指著鹿，鹿就不會跑，指指動物的腳印，動物也會死。沒想到，部落的人笑我這種神力沒有用，哼，笑我沒有用，我就……我就去射太陽。

天上兩顆太陽，把太陽射下來後，誰敢瞧不起我？我朝太陽射一箭，嚇！太陽噴出好多血，死了，剩下那顆太陽嚇得躲起來，要不是大家去勸他，這顆膽小的太陽還不敢出來呢！

所以，誰敢說太陽不是我射的，我就用手指指誰……

第三個自首者——布農族的必勇。

我們是勤勞的布農人。天空雖然有兩顆太陽，照得大家好熱，我和太太還是天天到田裡耕作，只是我的小兒子怕熱，一直哭，他媽媽用葉子遮著他，他還哭，最後用背帶遮著，我們才能繼續工作。

但是，這太陽實在太可恨，我們工作完，小兒子竟然被晒成一隻蜥蜴。

我太生氣了，和大兒子去找太陽算帳。布農的勇士都是神射手，我們一箭就射中太陽的眼睛，太陽很生氣，我也很生氣，我和他吵架，告訴他原因，他知道自己錯了，所以就變成月亮，還送我們一些種子，讓我們回去種植。

太陽當然是我射中的，我家那隻蜥蜴可以作證。

第四個自首者——排灣族的特卡尼旺。

從前從前，天空很低啊，還有兩個太陽，只有白天沒有晚上。天天這樣照，害我失眠啊，我沒睡覺心情就不好，搗小米的時候，那個木杵就撞到天空啊，一個太陽就掉下來啊，天空被我撞了一下啊，他就跳得很高很高，少了一顆太陽，現在有晚上了，我就能好好睡個覺。

你不相信啊？我撞你一下看看。

第五個自首者——

達悟族古勒勒。

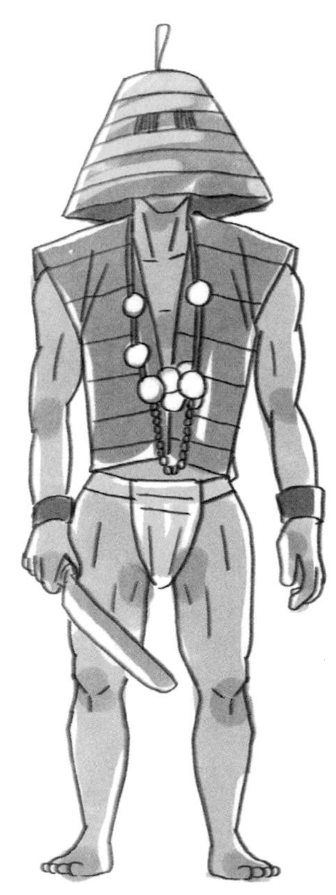

我們達悟族本來很喜歡天空的兩顆太陽，這樣不必升火煮飯，

把芋頭放在太陽下晒一晒，芋頭就變成烤芋頭啦。可是昨天我把孩子放在棚子裡，太陽竟然把我的兒子烤死了，我氣得朝太陽大吼：「你去死啦！你晒死了我的孩子，你消失啦！」那顆太陽臉皮很薄，他嚇得滿臉通紅，就自己死掉了。今天天空只剩下一個太陽，太陽根本不是被射死的，是被我罵到自己死的。

聽完五個自首者的話，警察局長很頭痛，到底是誰射死太陽的呢？親愛的小朋友，你知道嗎？

只能把太陽射下來嗎？

臺灣原住民族有許多與星星、月亮、太陽有關的故事，日月潭邊邵族的傳說也很特別，他們不射太陽，反而出手去救太陽與月亮。

話說，在很久很久以前，日月潭邊有一對青年夫婦，先生叫做大尖哥，太太芳名水社姐，他們夫婦捕魚維生，自得其樂。

有一天，天地突然一陣搖動，哎呀，太陽跟月亮竟然不見了，世界陷入無邊黑暗，人們叫苦連天，不知道該怎麼辦。

好心的大尖哥、水社姐決定去找出太陽和月亮。他們出發後，在一個山洞找到一個老婆婆，婆婆說太陽和月亮被兩條惡龍吃了，自己也被迫要日夜不停為惡龍煮飯。

「難道沒方法對付牠們嗎？」

「惡龍天不怕地不怕，就怕阿里山下的金斧頭和金剪刀。」

後來，大尖哥和水社姐趕到阿里山，挖出金斧頭、金剪刀，殺了惡龍，太陽與月亮重回天空，他們吃掉惡龍的眼睛，化作兩座高山，長出棕櫚樹托住太陽與月亮，並站在日月潭邊守護，也就是現在的大尖山與水社山。

20 天下的烏鴉一般黑

烏黑的外表、「嘎嘎」的叫聲，讓人覺得烏鴉是不祥的代表，不過，烏鴉在許多民族神話中都曾出現，也有不同的形象。像是在希臘神話中，很久很久以前，烏鴉其實是銀色的，卻因故受到處罰。到底「烏鴉」的祖先做了什麼事呢？

◎前導音樂響起。

主持人：眾志成城，重金禮聘，重磅出擊，歡迎大家點閱我們的「重量杯新聞現場」，我是主持人重型機車，各位記得按讚加訂閱，我們目前線上人數十一萬，哇！比昨天多了快一萬人，趕快有請今天的重量級來賓——烏鴉小姐。

△烏鴉在〈我是一隻小小小小鳥〉的音樂中跳上臺。

主持人：歡迎烏鴉小姐。

烏鴉（朝鏡頭揮揮手）：謝謝，謝謝十一萬線上網友的肯定，我知道大家都是衝著我來的，謝謝你們的肯定，我是剛發行最新單

曲——〈我是一隻小小小小鳥〉的烏鴉，新歌已經可以線上下載，別忘了付費喔。

△主持人假裝跌倒動作。

主持人：烏鴉小姐真是幽默……

烏鴉（搶著接過話，撥一撥額前的一根烏鴉毛）：當然啦，我的座右銘就是「日日要幽默，不幽默不是好烏鴉啊」，再提醒大家一次，我的單曲昨天上線了，大家記得快去付費下載喲！

主持人：是是是，親愛的網友，想收聽請自行下載，本節目不負任何商品責任喔！不過我想問的是，既然您在打歌期，為什麼不把身上衣服換一換呢？這麼黑不溜……

烏鴉（搶過麥克風）：黑不溜丟嗎？哈哈，你不覺得黑色很酷嗎？我們烏鴉一出生就是黑的，你沒聽過「天下烏鴉一般黑」嗎？大家要不要聽我唱一下我最新的單曲，我想你們一定等很久了！

◎古典樂音效進。

主持人（客氣的拿回麥克風）：那麼，烏鴉的黑其來有自，希臘神話裡就有寫，想當年烏鴉還不是「烏」鴉，有一身亮銀色的大衣、美妙的歌聲，還是太陽神阿波羅的僕人。

烏鴉（搶回麥克風）：神話大家都聽膩了，還是來聽歌吧。

我是一隻小小小小鳥　線上人數 99002

想要飛就飛，卻飛也飛不高　線上人數 72345

我尋尋覓覓　線上人數 34567

主持人（有點急）：別別別，拜託您等一下再唱，我們人數只剩……天哪，只剩 19876 人了。

烏鴉：那是因為我還沒開始飆高音，等我飆高音的時候，保證人數也飆高……

主持人：網友可能比較想聽當年的故事，當年你的祖先是阿波羅的僕人，因為自己偷懶還說謊，讓阿波羅誤會了，結果誤殺了自己的太太，因此才被阿波羅懲罰，讓你們永遠這麼黑到底，這件事您有什麼看法？

烏鴉：啊，看法？我的看法就是……你知道嗎？我們烏鴉是鳥類裡最聰明的鳥喔，伊索寓言裡就有寫，有隻烏鴉口渴，卻喝不到水瓶裡的水，你知道牠後來用什麼方法喝到水的嗎？叼石頭丟進水瓶裡，哇！我們烏鴉一族是不是很聰明？

主持人：但是啊，我想網友比較想知道「烏鴉說謊」這件事，當年你們的祖先說謊，這可是被記在希臘神話裡的喲。別忘了，你

們還因此受到懲罰……

烏鴉：啊……說謊啊？那其實不重要，各位網友，今天付費下載我單曲的「捧友」，除了打折，還有機會抽到我親自用爪子抓出來的「抓」名照喔，而且我決定了，我今天就在這裡，把〈我是一隻小小小小小鳥〉唱完。

主持人：別別別，再唱下去就沒人收看了。

烏鴉（奪過麥克風）：那怎麼行！我今天就是來打歌的……

我是一隻小小小小小鳥

線上人數6人

想要飛就飛

線上人數1人

主持人：別再唱啦。

烏鴉：我要唱！

主持人：別唱！

烏鴉：我要唱！

主持人（脫掉重機手的車服，渾身冒出金光）：你仔細看看我是誰？

烏鴉：你是……？

主持人：我是阿波羅，我特地來看你們這些烏鴉學到教訓了沒有，真是太讓我失望了！

△阿波羅舉起金手指，發出一道讓人睜不開眼的光……

◎變身音效進。

△烏鴉發出一聲慘叫，光芒退去後，鏡頭前出現一隻焦糖色的「烏鴉」。

◎焦糖鴉「嘎」了一聲。

主持人（戴上安全帽）：眾志成城，重金禮聘，重磅出擊，謝謝大家點閱我們的「重量杯新聞現場」，我是主持人重型機車，目前線上人數……沒人（瞪向那隻焦糖鴉），都是你！

◎焦糖鴉「嘎」了一聲。

△主持人又把手指伸向焦糖鴉……

烏鴉、阿波羅和他的太太

希臘神話裡，太陽神阿波羅有個美麗的太太，只是他太忙，常常沒空陪太太。

阿波羅命令他的僕人——那是一隻有銀色羽毛、會說人話的烏鴉——「我命令你擔任我太太身邊的使臣，每天向我報告她的行蹤。」

不過，這隻烏鴉其實挺懶惰的，有一天貪睡起晚了。

「你怎麼現在才來？」阿波羅問。

「我……我……」烏鴉害怕主人生氣，隨口編了個理由：「因為我發現您的妻子有了新情人，我猶豫了很久，不知道該不該跟您報告。」

「太可惡了！」憤怒的阿波羅全身上下冒出金光，他馬上怒氣沖沖趕到太太住的地方，果然發現有個可疑的人影，那個人正從他太太屋子跑出來。阿波羅二話不說，立刻射出金箭，然而等他往前一看，哪有什麼情人？他射中的是自己的太太啊！

神是不能忍受被欺騙的，阿波羅得知真相後，立即奪走烏鴉說話的能力，再把銀閃閃的羽毛變成烏漆墨黑，然後把牠定在黑暗的天空上，成了春天夜裡的烏鴉座。

寫作實驗室

如果我是天神

活動設計／**王文華**

讀完這本充滿創意的神話故事後，是不是對世界各國創造天地萬物的天神們充滿好奇呢？如果你也是天神的話，你會怎麼設計我們生存的世界呢？現在，就拿起筆，創造屬於你的故事吧！

遊戲準備

※玩家人數：2～5人，可猜拳由其中一人負責擲骰子。

※沿線剪下左頁的故事骰子，每次同時擲出時間、地點、人物、事件及法寶五顆骰子，然後運用想像力將所擲到的元素組合成一則故事。如果人數較多，也可以接龍完成故事。

★故事骰子

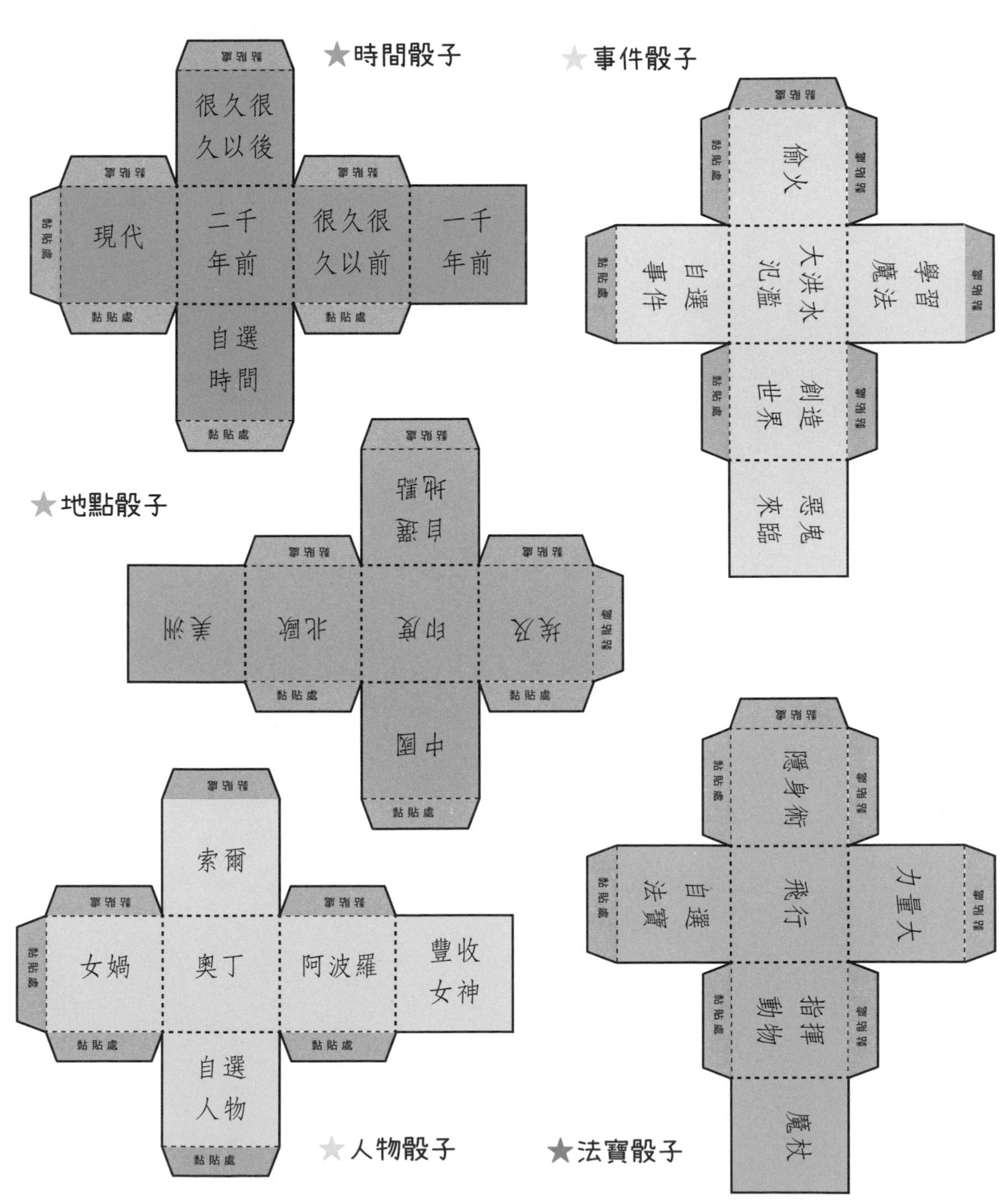

★時間骰子
很久很久以後
現代
二千年前
很久很久以前
一千年前
自選時間
★事件骰子
偷火
自選事件
大洪水氾濫
學習魔法
創造世界
惡鬼來臨
★地點骰子
自選地點
美洲
北歐
印度
埃及
中國
★人物骰子
索爾
女媧
奧丁
阿波羅
豐收女神
自選人物
★法寶骰子
隱身術
自選法寶
飛行
力量大
指揮動物
魔杖
黏貼處

擲完骰子，試著用獲得的元素
寫一篇創意故事吧！
你也可以在左頁寫下天神的
介紹，也可以自己編寫一個
天神的冒險故事喔！

王牌天神的自我介紹

大家好，我是（　　　　　　　　　）的天神。我出生於（　　　　　　　　），最喜歡（　　　　　　　　）。在天神族裡負責的工作是（　　　　　　　　）。

在（　　　　　　　　）時，我獲得了（　　　　），我決定（

）

作者的話

一杯咖啡裡的神話

很久很久以前，傳說中有一個編輯，她總是溫柔而堅定，外加創意有節奏的催稿，這是她的優點。

她撥了一通電話給我，說是如果我有空到臺北，她想請我喝咖啡，因為她想到一個很棒的企劃。按以往的經驗，編輯說這種話，那就表示是個很有挑戰性的企劃。

我不怕挑戰，在一個飄著細雨的午後，在巷底咖啡廳，編輯說是要來寫神話。

神話我寫得多了，希臘羅馬的，中國的……

「這回需要寫得更廣，例如美洲印第安人和阿茲特克人的故事。」

「還要加埃及嗎？」我建議。

編輯啜了口咖啡：「別忘了非洲。」

「非洲喔？」（非洲不是只有獅子嗎？）

「還有大洋洲、俄羅斯，取材較廣，融入世界地理與不同的文化元素。」編輯說時，咖啡很香，我腦裡的地球儀也在轉。

我嚇一跳：「你確定只寫兩本，不想豪氣的來個一百鉅冊？」

編輯堅持：「先寫兩本，一本寫創世神話，一本……」

「講地球毀滅後的末日神話？」

編輯眼珠子一轉：「我想起來，北歐神話就有末日神話。」

「你是指諸神的黃昏？」

「對，北歐也要列進來；然後另一本寫神話裡的英雄。」她說得像在菜籃裡多放把蔥似的簡單。

我怯怯的問：「你是說像復仇者聯盟，或是什麼邪惡連線之類的？」

「我的興趣是研究英雄，最喜歡看英雄電影……」編輯的語氣高亢：「你說，能不能寫出不一樣的英雄？」

「打破常規的英雄？」

「英雄不是工廠生產，千人千面，就像兵馬俑。」

「英雄值得傳唱千年，」我好像在背研究所的期末報告：「波斯的《列王紀》裡有很多……」

話一出口，我就想：「慘了，又多了個坑。」

果然……

「幸好您英明，我們差點漏掉波斯，波斯也要在神話和英雄篇章裡占有一席之地。」

我瞧瞧筆記本上洋洋灑灑的一大列：「取材要廣，文化要多元，神話英雄的故事要有代表性，最好創意無限外加轟轟烈烈，我記下來了！」

「啊！」編輯搖搖頭：「我差點忘了告訴你。」

難道還有嗎？

我急忙羅列僅剩的地區：「南極洲自古沒人煙，北極可以與北美洲同列，你看，我有抄下來，很快可以交給你……」

「平凡的神話故事用不到您這麼厲害的作家，」等等，她好像在灌迷湯了：「我們是想啊……」

編輯的手指開始繞圈圈，左一圈右一圈，繞完左邊繞右邊……

「神話是人類最早的故事創作啊，所以這回，一定要來個大突破、大改革、大創新大革命之大大大大……」

「那是什麼意思？」

「如果你每一篇都用一種不同的寫法，兩本書，四十個神話就有四十種寫法，像現場直播大洪水，維娜斯香皂的電視廣告，甚至劇本啊，說書人啊……」編輯說到這兒，激動到幾乎語無倫次了：「孩子讀了書，也學到了不同的寫作方法，這不就是一箭雙鵰了嗎？」

「四十篇，四十種寫法？」我突然發現，咖啡廳裡的燈光變暗了，「要是我寫不出來的話……」

編輯把咖啡杯放下，俐落的拿起她那個有著無眼貓咪的包包：「你是學長，你一定可以的啊，我們學校畢業的人都有這種本事……」

我望著她背影，突然覺得雙肩像托著地球的阿特拉斯。

走出咖啡廳時，還被服務生發現：「先生，不好意思，你們還沒有結帳喔。」

喝一杯咖啡，寫出兩本書，書裡玩出四十種寫法？

或許你不太相信，那麼，成品在這兒，歡迎你閱讀完來批評指教喔！

神話實驗室 1

神啊，告訴我世界的真相！

作　　者｜王文華
插　　圖｜Croter

責任編輯｜楊琇珊
特約編輯｜蕭景蓮
封面設計｜也是文創
電腦排版｜中原造像股份有限公司
行銷企劃｜陳詩茵

天下雜誌群創辦人｜殷允芃
董事長兼執行長｜何琦瑜
兒童產品事業群
副總經理｜林彥傑
總編輯｜林欣靜
主　　編｜李幼婷
版權主任｜何晨瑋、黃微真

出 版 者｜親子天下股份有限公司
地　　址｜台北市 104 建國北路一段 96 號 4 樓
電　　話｜（02）2509-2800　傳真｜（02）2509-2462
網　　址｜www.parenting.com.tw
讀者服務專線｜（02）2662-0332　週一～週五：09:00~17:30
讀者服務傳真｜（02）2662-6048
客服信箱｜parenting@cw.com.tw
法律顧問｜台英國際商務法律事務所·羅明通律師
製版印刷｜中原造像股份有限公司
總 經 銷｜大和圖書有限公司　電話：（02）8990-2588

出版日期｜2021年12月第一版第一次印行
　　　　　2022年11月第一版第三次印行
定　　價｜350元
書　　號｜BKKCJ079P
ISBN｜978-626-305-121-8（平裝）

訂購服務

親子天下 Shopping｜shopping.parenting.com.tw
海外·大量訂購｜parenting@cw.com.tw
書香花園｜台北市建國北路二段6巷11號　電話（02）2506-1635
劃撥帳號｜50331356　親子天下股份有限公司

國家圖書館出版品預行編目資料

神話實驗室1：神啊，告訴我世界的真相！／
王文華 文；Croter 圖；-- 初版. -- 臺北市：
親子天下股份有限公司, 2021.12
232面；17X21公分. --（樂讀456系列；79）

ISBN 978-626-305-121-8（平裝）
1.神話　2.通俗作品
280　　110019053